Das große Wörterbuch
der bösen Mädchen

Lizenzausgabe für den Cormoran Verlag
in der Verlagshaus Goethestraße
GmbH & Co. KG, München

Printed in Germany
Satz: Franzis print & media, München
Druck und Bindung: Pustet, Regensburg
ISBN 3-517-09008-5

Das große Wörterbuch der bösen Mädchen

Die stärksten Sprüche
von frechen Frauen

Cormoran

A

Abend

Das Übel mit den Männern ist, daß sie sich am Morgen um zehn Jahre jünger fühlen und am Abend um zwanzig Jahre älter.

CARMEN ORTIZ

Abendkleid

Ich trage große Abendkleider immer nur einmal und verschenke sie dann. So kommt es, daß sie alle häufiger ausgehen als ich selbst.

BRIGITTE BARDOT

Abendmahl

Kann sein, daß beim Letzten Abendmahl
keine Frauen anwesend waren,
aber beim nächsten sind wir garantiert dabei.

BELLA ABZUG

Aberglaube

Ich bin nicht abergläubisch, aber es gibt Dinge, die mir kein Glück bringen, zum Beispiel Männer.

AVA GARDNER

Abschied

Kluge Menschen verstehen es, den Abschied von der Jugend auf mehrere Jahrzehnte zu verteilen.

FRANCOISE ROSAY

Absicht

Man kann eher die Ansichten eines Mannes ändern als seine Absichten.

TOPSY KÜPPERS

Abtreibung

Wenn Männer schwanger werden könnten, wäre Abtreibung ein Sakrament.

FLORYNCE R. KENNEDY

Abwege

Wenn Frauen auf Abwege geraten, gehen die Männer sofort hinterher.

MAE WEST

Abwesenheit

Ganz besonders habe ich seine Abwesenheit von zu Hause beklagt – und noch mehr seine Abwesenheit, wenn er zu Hause war.

SONIA JOHNSON

Accessoire

Der Mann kann anziehen, was er will,
er bleibt doch ein Accessoire der Dame.
COCO CHANEL

Adam

Es hätte nicht des Apfels bedurft,
Adam zu verführen. Eva allein schon genügte.
MARIANNE LANGEWIESCHE

Adam war nichts als ein Rohentwurf, und die Schöpfung des Menschen ist Gott erst völlig gelungen, als er Eva geschaffen hat.
SIMONE DE BEAUVOIR

Adel

Der Adel in einer Republik erinnert an ein Huhn, dem man den Hals umgedreht hat: Es rennt vielleicht noch aufgeregt durch die Gegend, ist aber in Wirklichkeit längst tot.
NANCY MITFORD

Älter werden

Ich verstehe nicht, warum so viele Frauen
darunter leiden, daß sie schon wieder
ein Jahr älter geworden sind.
Nicht mehr ein Jahr älter zu werden –
das wäre die Katastrophe.

LIV ULLMANN

Ändern

Heirate einen Mann nicht, um ihn zu ändern –
dazu sind Besserungsanstalten da.

MAE WEST

Die meisten Frauen setzen alles daran,
einen Mann zu ändern. Und wenn sie ihn
geändert haben, gefällt er ihnen nicht mehr.

MARLENE DIETRICH

Wieso strengt eine Frau sich zehn Jahre lang an,
ihren Mann zu ändern, und beklagt sich dann,
daß er nicht mehr der Mann ist,
den sie geheiratet hat?

BARBRA STREISAND

Affäre

Es gibt im Leben einer Frau vielleicht Zeiten, in denen sie nicht verliebt ist. Aber dann sollte sie wenigstens eine Affäre haben, gegen die sie ankämpft.

Jeanne Moreau

Ich schlafe nicht mit verheirateten Männern. Damit wollte ich sagen: Ich schlafe nicht mit glücklich verheirateten Männern.

Britt Eklund

Jede beginnende Liebesaffäre gleicht dem ersten Tritt in ein Minenfeld.

Carla Lane

Alkohol

Noch ein Glas mehr, und ich hätte unter dem Gastgeber gelegen.

Dorothy Parker

Allein

Wie bezeichnend für unsere Gesellschaft, daß es als verdächtig gilt, allein zu leben, daß man sich dafür entschuldigen und Ausreden erfinden und die Tatsache verbergen muß, wie ein geheimes Laster.

Anne Morrow Lindbergh

Allein zu leben und auch noch Gefallen daran
zu finden, ist für eine Frau ein Akt des Verrats,
eine Untreue, die viel gefährlicher ist als Ehebruch.

MOLLY HASKELL

Einer der Vorteile des Alleinlebens ist,
daß man nicht in den Armen eines Geliebten
aufwachen muß.

MARION SMITH

Ich habe keine Lust auf einen zweiten Ehemann.
Mir hat der erste gereicht. Ich will nach meinen
eigenen Vorstellungen leben: mich als Geliebte
hinlegen und als mein eigener Herr aufstehen.

SUSANNA MOODIE

Einfach mit mir allein in einem Raum zu sein
ist so aufregend, daß ich's kaum aushalte.

KATE BRAVERMAN

Wenn eine Frau bis zu ihrem vierundzwanzigsten
Lebensjahr noch nicht den Richtigen gefunden hat,
kann sie von Glück sagen.

DEBORAH KERR

Alleinsein

Viele Frauen heiraten, weil sie des
Alleinseins müde sind, aber viele lassen sich
deshalb auch scheiden.

HANNE WIEDER

Ich habe nie gesagt, ich liebe das Alleinsein. Ich habe gesagt, ich möchte in Ruhe gelassen werden. Das ist ein Unterschied.

Greta Garbo

Allüren

Allüren sind nur etwas für die Unfertigen.

Audrey Hepburn

Alter

Wer mit siebzig eine reizvolle alte Dame sein möchte, muß als siebzehnjähriges Mädchen damit anfangen.

Agatha Christie

Alter schützt vor Liebe nicht, aber Liebe schützt bis zu einem gewissen Grad vor Alter.

Jeanne Moreau

Das Alter ist, als ob man mit dem Flugzeug in einen Sturm gerät. Einmal an Bord, kann man nichts mehr daran ändern.

Golda Meir

Jung sein ist schön; alt sein ist bequem.

Marie von Ebner-Eschenbach

Wir werden alt, unsre Eitelkeit wird immer jünger.

Marie von Ebner-Eschenbach

Ich weigere mich, ein höheres Alter als
zweiundfünfzig anzugeben, selbst wenn
meine Söhne dadurch illegitim werden.

LADY NANCY ASTOR

Was heißt schon für uns Frauen, mit Anstand
alt zu werden? Lieder unanständig jung bleiben!

OLGA TSCHECHOWA

Von einem gewissen Alter an sollten sich Frauen
vor jüngeren Männern in acht nehmen. Es ist
besser, die Königin eines älteren Mannes zu sein
als die Bettlerin eines jungen.

VIVIEN LEIGH

Es ist doch so mit dem Alter: Die Männer kriegen
Charakterköpfe und die Frauen Falten.

VILMA DEGISCHER

Eine Frau kann mit neunzehn entzückend sein,
mit neunundzwanzig hinreißend. Aber erst
mit neununddreißig ist sie absolut unwiderstehlich.
Und älter als neununddreißig wird keine Frau,
die einmal unwiderstehlich war.

COCO CHANEL

Je älter man wird, desto mehr
liebt man das Anstößige.

VIRGINIA WOOLF

Es gibt ein Alter, in dem eine Frau schön sein muß,
um geliebt zu werden. Und dann kommt das Alter,
in dem sie geliebt werden muß, um schön zu sein.

FRANÇOISE SAGAN

Eine fortschrittliche Frau fortgeschrittenen Alters kann keine Macht der Welt im Zaume halten.

DOROTHY L. SAYERS

Ich war immer der Meinung, daß eine Frau das Recht hat, die Welt über ihr Alter im Unklaren zu lassen, zumindest bis sie die Neunzig erreicht hat. Dann sollte sie sich und anderen gegenüber lieber ehrlich sein.

HELENA RUBINSTEIN

Die beste Vorsorge für das Alter ist, daß man sich nichts entgehen läßt, was Freude macht. Dann wird man später die nötige Müdigkeit haben und kein Bedauern, daß die Zeit um ist.

FRANZISKA ZU REVENTLOW

Ich habe noch alles, was ich vor zwanzig Jahren hatte, es hängt nur ein bißchen tiefer.

GYPSY ROSE LEE

Das Geheimnis, wie man jung bleibt, ist anständig zu leben, langsam zu essen und in bezug aufs Alter zu lügen.

LUCILLE BALL

Jetzt im Alter habe ich überhaupt keine Geduld mehr mit alten Menschen.

EMILY CARR

Ich werde im Alter niemals sagen: »Ich habe dieses nicht getan« oder »Ich bedauere jenes«. Ich werde sagen: »Ich bedauere verdammt nochmal gar nichts. Ich kam, ich ging, und ich habe alles getan, was ich tun wollte.«

KIM BASINGER

Ab einem gewissen Alter geht's erst richtig los. Nach meinem vierzigsten Geburtstag konnte mich niemand an der Nase herumführen.

LADY NANCY ASTOR

Ich habe immer für schöne junge Männer geschwärmt. Nur weil ich älter werde, ändert sich doch mein Geschmack nicht. Und wenn ich sie immer noch kriegen kann, warum nicht?

BRIGITTE BARDOT

Je älter man wird, umso mehr gefallen einem Unzüchtigkeiten.

VIRGINIA WOOLF

Je älter man wird, desto mehr ähnelt die Geburtstagstorte einem Fackelzug.

AUDREY HEPBURN

Es gibt keinen Antiquitäten-Fan, dessen Vorliebe für das Alter sich auch auf Frauen erstrecken würde.

MICHÈLE MORGAN

Frauen fürchten nicht das Alter. Sie fürchten nur die Meinung der Männer über alte Frauen.

JEANNE MOREAU

Männer sind so alt, wie sie sich fühlen,
Frauen so jung, wie sie aussehen.
BARBARA CARTLAND

Amt

Also, ich habe dir das Präsidentenamt verschafft.
Was willst du damit anfangen?
FLORENCE HARDING

Anbeißen

Je weniger Zähne ein Mann hat,
desto leichter beißt er an.
TRUDE HESTERBERG

Anfang

Der Mann denkt beim Anfang schon an das Ende.
Die Frau erinnert sich am Ende noch an den Anfang.
MICHELINE PRESLE

Anfänger

Die Anfänger in der Liebe erkennt man daran,
daß sie nicht aufhören können.
KIM BASINGER

Angeber

Viele Männer sind nichts als fürchterliche Angeber, bei denen man nur auf die Hose gucken darf, weil sie nichts im Gehirn haben.

INGE MEYSEL

Angler

Angler erkennt man daran, daß sie nichts fangen. Bringt ein Mann, der angeblich beim Angeln war, Fische nach Hause, ist Vorsicht geboten.

DIANA PRICKER

Angst

Ich bin all das, wovor Mütter Angst haben, daß ihr kleines Mädchen mal so werden würde – oder ihr kleiner Junge.

BETTE MIDLER

Die Männer hatten schon immer Angst davor, daß die Frauen ohne sie zurechtkommen könnten.

MARGARET MEAD

Anlauf

Wenn ein Mann zurückweicht, weicht er zurück. Eine Frau weicht nur zurück, um besser Anlauf nehmen zu können.

ZSA ZSA GABOR

Anrufen

Meine Mutter sagte zu mir: »Ruf die Männer niemals an. Laß sie den ersten Schritt tun.« Wenn ich auf sie gehört hätte, wäre ich jetzt wahrscheinlich jemandes Sekretärin statt Staatssekretärin.

SUSAN FARMER

Anschein

Nichts ist so gut, wie es zunächst den Anschein hat.

GEORGE ELIOT

Antiquitäten

Antiquitäten sind Sachen von gestern nach dem Geschmack von heute zu den Preisen von morgen.

LISELOTTE PULVER

Antwort

Es gibt keine Antwort. Es wird keine Antwort geben. Es hat nie eine Antwort gegeben. Das ist die Antwort.

GERTRUDE STEIN

Anziehen

Frauen ziehen sich an, um Männern zu gefallen und Frauen zu ärgern.

COLETTE

Die meisten Frauen ziehen sich an, als wären sie in ihrem früheren Leben eine Maus gewesen – oder als hofften sie, es im nächsten zu werden.

EDITH SITWELL

Eine richtige Frau wirkt voll bekleidet auf einen Mann anziehender als ein nacktes Weib.

ROMY SCHNEIDER

Sie würden sich wundern, wie teuer es ist, so billig auszusehen.

DOLLY PARTON

Für Frauen ziehe ich mich an, für Männer aus.

ANGIE DICKINSON

Wenn man nicht weiß, was man zu einer Gesellschaft anziehen soll, kommt man am besten als erste. Dann haben die andern das Gefühl, falsch angezogen zu sein.

DAGMAR KOLLER

Aphrodisiakum

Das beste Aphrodisiakum für eine Frau in den Dreißigern ist ein Mann, der nach dem Essen das Geschirr abwäscht.

HERMINE OHLEN

Arbeit

Arbeit bringt niemanden um.
Aber sie macht einen müde.

CLEMENTINE HUNTER

Wahre Klasse bedeutet, über Arbeit niemals auch nur sprechen zu müssen.

ERICA JONG

Arme

Wenn Männer einer Frau hilfreich unter die Arme greifen, wissen sie meistens nicht genau, wo der Arm aufhört.

ELKE SOMMER

Attraktivität

Wir sollen attraktiv sein fürs männliche Geschlecht, damit unsere Art sich ja nur fortpflanzt. Deshalb müssen wir Make-up tragen und f...

ROSEANNE ARNOLD

Aufblicken

Welche Frau würde nicht gern zu einem Mann aufblicken? Daß das so selten möglich ist, liegt nur an den Männern.

Daliah Lavi

Eine Dame ist eine Frau, zu der man aufsehen kann.

Cathérine Deneuve

Aufgabe

Die erste Aufgabe einer jungen Ehefrau besteht darin, die Freunde ihres Mannes in die Flucht zu kochen.

Micheline Presle

Aufstieg

Den Aufstieg einer Frau zu einer höheren Position hemmt nicht der Chef, sondern seine Sekretärin.

Lore Lorentz

Auge

Nur Frauen beherrschen die Kunst, so lange ein Auge zuzudrücken, bis sie klarer sehen.

Alice Schwarzer

Wenn es darauf ankommt, in den Augen einer Frau zu lesen, sind die meisten Männer Analphabeten.

Heidelinde Weis

Ausgehen

Wann immer ich mit einem Typ ausgehe, frage ich mich: Ist das der Mann, von dem ich möchte, daß meine Kinder ihre Wochenenden mit ihm verbringen?

RITA RUDNER

Immer wenn mein Freund abends nach der Arbeit spontan zu mir sagt: »Laß uns ausgehen, Liebling!«, weiß ich wenigstens, daß ich mich gut zurechtgemacht habe.

SANDIE SHAW

Richtig gut zurechtgemacht fürs Ausgehen ist eine Frau erst dann, wenn ihr Freund lieber mit ihr zu Hause bliebe.

OLGA TSCHECHOWA

Aussehen

Jung und gut aussehend – als könnte er seine Zähne die ganze Nacht im Mund behalten.

VICTORIA WOOD

Viele Frauen wissen gar nicht, wie toll sie in Wirklichkeit sind. Sie kommen zu uns, außen ganz en vogue und innerlich ganz vage.

MARY KAY ASH

Ich gehe nicht aus dem Haus, bevor ich nicht aussehe wie Joan Crawford, der Filmstar. Wenn Sie das Mädchen von nebenan sehen wollen, gehen Sie nach nebenan.

JOAN CRAWFORD

Ausziehen

Ich ziehe mich für Frauen an – und für Männer aus.

ANGIE DICKINSON

Es kommt nicht darauf an, was eine Frau anzieht, sondern wie sie es auszieht.

LIBBY JONES

Heute steht eine Frau bei einer Party immer vor der Frage, ob sie genug angezogen oder genug ausgezogen ist.

CATHÉRINE DENEUVE

Nichts ist trauriger als eine Frau, die sich aus anderen Gründen auszieht als für die Liebe.

JULIETTE GRÉCO

Auto

Es würde viel weniger Autounfälle geben, wenn die Männer lernten, mit einer Hand zu lenken.

LAURA VIVALDI

Wie ein Mann Auto fährt, so möchte er sein.

ANNA MAGNANI

Wenn ein Mann einer Frau höflich die Wagentüre aufreißt, dann ist entweder der Wagen neu oder die Frau.

USCHI GLAS

Geschwindigkeitsbegrenzungen sind für viele männliche Autofahrer so etwas wie eine amtlich verfügte Potenzminderung.

SILVIA MINGOTTI

Der Mann am Steuer ist ein Pfau,
der sein Rad in der Hand hält.

ANNA MAGNANI

Autokratin

Ich werde eine Autokratin sein, das ist mein Beruf.
Und Gott der Herr wird es mir verzeihen.
Das ist sein Beruf.

KATHARINA II. VON RUSSLAND

B

Baby

Es gibt eine einzige Zeit, in der es Frauen wirklich gelingt, einen Mann zu ändern: wenn er ein Baby ist.

NATALIE WOOD

Babys brauchen keinen Vater, die Mütter brauchen ihn. Wer sich um ein Baby kümmert, braucht selbst Fürsorge.

AMY HECKERLING

Ein häßliches Baby ist ein widerliches Ding, und selbst das hübscheste ist schrecklich, wenn es ausgezogen ist.

QUEEN VICTORIA

Ob man es bequemer findet, Babys, wenn sie nachts ständig brüllen, aufzunehmen oder sie schreien zu lassen, hängt von so unterschiedlichen Dingen ab wie der nervlichen Verfassung der Mutter, der Dicke der Wände und den Beschwerden der Nachbarn.

KATHARINE WHITEHORN

Ein Baby hat keine Manieren, kennt keine Rücksichtnahme und kein Verantwortungsgefühl. Es wächst nur – das ist seine ganze Leistung.

LIBBY PURVES

Politische Gefangene werden durch die alterprobte Technik, sie tage- und nächtelang wach zu halten, gefoltert. Das gibt's auch bei Müttern, nur schlägt der Säugling keinen Gong, sondern schreit bloß.

KATHARINE WHITEHORN

Bad

Wahrscheinlich gibt es eine Menge Dinge, die nicht mit einem heißen Bad zu kurieren sind. Aber ich kenne nicht viele davon.

SYLVIA PLATH

Badeanzug

Der Chic eines Badeanzuges besteht darin, daß er wie ein Sonnenbrand sitzt.

ESTHER WILLIAMS

Beine

Ich verstehe nicht, warum die Männer so hinter hochbeinigen Frauen her sind. Je längere Beine eine Frau hat, umso schwieriger ist es, sie einzuholen.

EDITH PIAF

Wenn man schöne Beine behalten will, muß man sie von den Blicken der Männer massieren lassen.

MARLENE DIETRICH

Beherrschen

Um einen Mann zu beherrschen, muß eine Frau zuerst sich selbst beherrschen.

MINNA ANTRIM

Bekanntschaft

Für viele Männer ist die Bekanntschaft mit einer Frau eine Einbahnstraße in Richtung Bett.

JUDY WILLIAMS

Bekommen

Manche Frau weint, weil sie den Mann ihrer Träume nicht bekommen hat, und manche weint, weil sie ihn bekommen hat.

ANNETTE KOLB

Beleidigung

Ich glaube, wenn Frauen sich ungehemmter in Schmähungen ergehen würden, wären sie zehnmal gesünder, als sie's jetzt sind. Mir scheint, sie kranken an unterdrückten Gefühlen.

ELIZABETH CADY STANTON

Benehmen

Sobald ein Mann anfängt, sich lächerlich zu benehmen, weiß man, er meint es ernst.

COLETTE

Ich weiß nicht, ob man sich schlimmer daneben benehmen kann: Meine Freundin Gladys hat mir gerade gesagt, sie würde ihren Mann bedenkenlos einen Abend mit mir allein lassen.

MARJORIE PROOPS

Beruf

Die Männer sind merkwürdige Geschöpfe: Im Beruf wollen sie hoch hinaus, aber bei den Frauen zielen sie in die Mitte.

HELEN VITA

Berufsleben

Wenn man sieht, was für Männer geheiratet werden, erkennt man die instinktive Abneigung der Frauen gegen das Berufsleben.

HELEN ROWLAND

Bescheidenheit

Ich habe mir oft gewünscht, ich hätte Zeit, bescheiden zu sein. Aber ich bin zu sehr damit beschäftigt, über mich selbst nachzudenken.

EDITH SITWELL

Beschützen

Jeder Mann, den ich kennenlerne, will mich beschützen. Ich weiß bloß nicht, wovor.

MAE WEST

Betrug

Die Welt will betrogen werden. Also los.

XAVIERA HOLLANDER

Bett

Ich wünschte, ich wäre so oft im Bett wie in den Schlagzeilen.

LINDA RONSTADT

Ganz gleich, wie groß, weich oder warm dein Bett ist, du mußt doch irgendwann raus.

GRACE SLICK

Wer das Bett bloß aufsucht, weil er müde ist, verdient keines.

GERTRAUD VON LÜTZAU

Bewunderung

Eine kluge Frau lernt beizeiten, ihren Mann zu bewundern – auch wenn das Objekt ihrer Bewunderung oft nur Illusion ist.

MARGOT HIELSCHER

Auch wenn sie die Schwäche an Männern mehr lieben, haben Frauen gelernt, die Stärke der Männer zu bewundern.

SHIRLEY MACLAINE

Die Frauen mögen gelernt haben, die Stärke der Männer zu bewundern. Die Stärke anderer Frauen dagegen bleibt ihnen verdächtig.

ALICE SCHWARZER

Eine kluge Frau lernt beizeiten, ihren Mann ohne Grund zu bewundern.

JOAN STEWART

Ein Mann fühlt sich erst dann von einer Frau verstanden, wenn sie ihn bewundert.

KIM NOVAK

Beziehung

Beziehung ist das, was sich zwischen zwei Menschen abspielt, während sie warten, daß sie was Besseres finden.

HÉLÈNE CAMPION

Ich kenne eine Menge Leute, die nicht erwartet hätten, daß unsere Beziehung hält – dennoch feiern wir heute unser zweimonatiges Jubiläum.

BRITT EKLUND

Manchmal frage ich mich, ob Männer und Frauen wirklich zusammenpassen. Vielleicht sollten sie nachbarschaftlich leben und sich nur hin und wieder besuchen.

KATHARINE HEPBURN

Ich brauche keinen Mann, um meine Existenz aufzuwerten. Die intensivste Beziehung, die wir je haben können, ist die mit uns selbst.

SHIRLEY MACLAINE

Für mich ist die leichteste Beziehung die zu zehntausend Menschen. Die schwierigste ist die zu einem Menschen.

JOAN BAEZ

Bibel

Letzte Nacht las ich im Buch Hiob. Ich habe nicht den Eindruck, daß Gott da gut wegkommt.

VIRGINIA WOOLF

Bigamie

Bigamie heißt, daß man eine Frau zuviel hat. Monogamie auch.

GABRIELE WOHMANN

Blondine

Es ist auch möglich, daß Blondinen
Gentlemen bevorzugen.
MAMIE VAN DOREN

Blumen

Falls Sie vorhaben, es mit Blumen zu sagen,
denken Sie daran, daß eine einzelne Rose Ihnen
ins Gesicht schreit: »Ich bin billig!«
DELTA BURKE

Brüllen

Brüllt ein Mann, ist er dynamisch.
Brüllt eine Frau, ist sie hysterisch.
HILDEGARD KNEF

Brüste

Natürlich stelle ich meine Vorzüge zur Schau.
Sie sind groß, aber ich hatte sie schon immer;
ich habe sie hochgeschnürt
und damit herumgewackelt.
Warum soll ich keine Witze darüber machen,
wenn ich mit ihnen ein Vermögen verdient habe?
DOLLY PARTON

Wenn ich sie nicht gehabt hätte, hätte ich
sie mir machen lassen.
DOLLY PARTON

Brustwarzen

Ich habe bei offiziellen Anlässen immer darauf geachtet, daß meine Brustwarzen nicht zu erkennen waren. Ich hatte Angst, die alten Männer würden sonst einen Herzanfall kriegen.
MARGARET TRUDEAU

Buch

Ich habe mir mit meiner Autobiographie viel mehr Mühe gegeben als mit meinen Ehen. Von einem Buch kann man sich nicht scheiden lassen.
GLORIA SWANSON

Das ist kein Roman, den man leichtfertig beiseite legen sollte. Man sollte ihn mit aller Kraft wegschmeißen.
DOROTHY PARKER

Büstenhalter

Ich wollte die erste Frau sein, die ihren Büstenhalter verbrennt. Aber die Feuerwehr hätte vier Tage für die Löscharbeiten gebraucht.
DOLLY PARTON

Früher brauchte man nur ein Taschentuch fallen zu lassen, und schon stürzten die Männer herbei. Heute könnte man einen Büstenhalter verlieren, und keiner rührt einen Finger.

HELEN VITA

Busen

Ich weiß, daß ich von Natur aus einen großen Busen habe. Aber ich denke nicht, daß ich deshalb besser bin als jemand mit Implantaten.

PATRICIA ARQUETTE

Ich bin kein Tier, warum sollte ich also meinen Busen in einen Käfig sperren?

ANNA MAGNANI

Die Natur hat die Frauen mit einem Busen ausgestattet, das heißt, die Natur hat ihn für wichtig gehalten. Wer bin ich, daß ich mich mit der Natur anlegen würde?

IDA ROSENTHAL

Auch Menschen mit großem Busen können gute Christen sein.

JANE RUSSELL

Ich erinnere mich noch gut:
Als ich meinen Busen bekam,
war es plötzlich ein Heidenspaß,
spazierenzugehen.

SOPHIA LOREN

C

Chaos

Wenn Männer Lärm und Chaos verbreiten,
bilden sie sich ein, den Ton anzugeben.
ANONYM

Charme

Charme und Perfektion vertragen sich schlecht miteinander. Charme setzt kleine Fehler voraus, die man verdecken möchte.
CATHÉRINE DENEUVE

Chef

Auch Chefsachen erledigen sich nicht durch Nichtstun.
ANTJE VOLLMER

Ich denke immer, je größer der Schreibtisch, desto kleiner der Mann.
ANN FORD

Computer

Das Unsympathische an den Computern ist,
daß sie nur ja oder nein sagen können,
aber nicht vielleicht.

BRIGITTE BARDOT

D

Dame

Eine Dame ist eine Frau, die niemals absichtlich ihre Unterwäsche zeigt.
LILLIAN DAY

Hin und wieder verspüre ich den Drang, eine Dame zu sein, aber das hält nie lange an. Ich bin eine moderne, intelligente, unabhängige Frau. Mit anderen Worten: eine, die nie einen abkriegt.
SHELLEY WINTERS

Dekolleté

Ein Dekolleté ist jener schmale Grat, auf dem der gute Geschmack balanciert, ohne herunterzufallen.
COCO CHANEL

Dekolleté ist das Kunststück, so ausgezogen zu sein, daß man immer noch für angezogen gilt.
JEANNE MOREAU

Die einzige Art von Tiefe, die Männer bei einer Frau schätzen, ist die ihres Dekolletés.
ZSA ZSA GABOR

Dekolleté ist die Kunst, sich so zu erkälten,
daß ein Mann sich dafür erwärmt.
Ingrid van Bergen

Dekolleté ist die Kunst, für den richtigen
Mann richtig ausgezogen zu sein.
Elke Sommer

Depression

Wenn Frauen deprimiert sind, dann essen sie oder gehen einkaufen. Männer hingegen fallen in ein fremdes Land ein. Es ist eine ganz andere Art zu denken.
Elayne Boosler

Dessert

Viele Männer vergessen in der Liebe das Dessert. Das ist schade, denn viele Frauen sind naschsüchtig.
Mariella Pozzo

Dessous

Ich bin gegen praktische Unterwäsche. Ein Dessous muß nicht praktisch sein, sondern reizvoll.
Cathérine Deneuve

Diät

Die richtige Diät leitet sexuelle Energie in die Körperteile, die von Bedeutung sind.

BARBARA CARTLAND

Falls Sie es sich auch angewöhnt haben, jede neue Diät zu studieren, werden Sie feststellen, daß alle gnädigerweise auf dasselbe rauslaufen, nämlich auf die Information, daß Pommes frites verboten sind.

JEAN KERR

Dicksein

Du bist nicht dick, du lebst im falschen Land.

DENISE WALKER

Es heißt, in jeder dicken Frau steckt eine dünne, die nur darauf wartet, rauszukommen. Nun, ich muß das Miststück wohl aufgegessen haben.

THEA VIDALE

Diplomaten

Diplomaten kennen zehn Sprachen, um in jeder das nicht zu sagen, was sie denken.

ELEONORE VAN DER STRATEN-STERNBERG

Dollar

Um ehrlich zu sein, ich denke nur an Dollarscheine.
TONYA HARDING

Alles, was nur einen Dollar kostet, ist es nicht wert, daß man es besitzt.
ELIZABETH ARDEN

Don Juan

Ein Don Juan ist ein Mann, der den Frauen beim Fallen behilflich ist.
JEANNE MOREAU

Drama

Das Drama einer Ehe, das ist nicht die ganz große Erschütterung – das sind die vielen kleinen Irritationen, die sich summieren.
LIV ULLMANN

Dreißig

Mit dreißig ist man gerade alt genug, um zu wissen, was man tut. Und noch jung genug, um es trotzdem zu tun.
BRIGITTE BARDOT

Dummheit

Für eine Frau wird das Leben verdrießlich,
wenn man ihr keine Dummheit mehr zutraut.
COLETTE

Jeder Mensch hat ein Brett vor dem Kopf
– es kommt nur auf die Entfernung an.
MARIE VON EBNER-ESCHENBACH

Wer nichts weiß, muß alles glauben.
MARIE VON EBNER-ESCHENBACH

Alberne Leute sagen Dummheiten,
gescheite Leute machen sie.
MARIE VON EBNER-ESCHENBACH

Durchschnitt

Frauen wollen durchschnittliche Männer haben,
und die Männer tun alles, um so durchschnittlich
wie möglich zu sein.
MARGARET MEAD

Ein Durchschnittsmann ist mehr an einer Frau
interessiert, die an ihm interessiert ist, als an
einer Frau – irgendeiner Frau – mit schönen Beinen.
MARLENE DIETRICH

E

Egoisten

Das Gute an Egoisten ist, daß sie nicht über andere Leute reden.

LUCILLE S. HARPER

Ehe

Die Ehe ist eine Einrichtung zur Erzeugung gemeinsamer Gewohnheiten.

TILLA DURIEUX

Die Ehe – die vom Staat sanktionierte Tyrannei.

ALMA MAHLER-WERFEL

Die Ehe ist eine sehr gute Institution, aber ich bin nicht reif für eine Institution.

MAE WEST

Die Ehe funktioniert am besten, wenn beide Partner ein bißchen unverheiratet bleiben.

CLAUDIA CARDINALE

Viele, von denen man glaubt, sie seien gestorben, sind bloß verheiratet.

FRANÇOISE SAGAN

Die Ehe lehrt uns zwischen Ehemännern und verheirateten Junggesellen zu unterscheiden.

MAUREEN KELLY

Ein englischer Richter, und kein zynischer Verfasser von Kriminalgeschichten, bemerkte in einem berühmten und ungelösten Fall von Gattenmord, daß man nach einem Motiv gar nicht zu suchen brauche, die Ehe selbst sei bereits ein Motiv.

MARY HOTTINGER

Ich habe nie geglaubt, daß eine Ehe eine dauerhafte Institution ist. Ich dachte, fünf Jahre lang verheiratet zu sein, bedeutet ewig.

LAUREN BACALL

Ich bin Nonne geworden, obwohl mir klar war, daß es bei meinem Charakter viele Probleme geben würde. Aber bei meiner total negativen Einstellung zur Ehe war das noch immer die beste Entscheidung.

JUANA INES DE LA CRUZ

Es soll bloß keiner sagen, Ehen würden im Himmel geschlossen. Die Götter würden so eine große Ungerechtigkeit nicht begehen.

MARGARETE VON VALOIS

Eine Menge Leute glaubten nicht, daß unsere Ehe halten würde. Aber wir feiern bereits zweimonatigen Hochzeitstag.

BRIT EKLAND

Eine Ehe ist die Summe zweier Einsamkeiten,
gebrochen durch Langeweile.

TILLA DURIEUX

Die Ehe ist ein Zustand, in dem es zwei Leute
weder mit noch ohne einander längere Zeit
aushalten können.

MARIE VON EBNER-ESCHENBACH

Die Ehe ist das beste aller Übel.

DALIAH LAVI

Um mit einem Mann glücklich zu sein, muß man
sehr viel Verständnis für ihn aufbringen und ihn
außerdem ein wenig gern haben.

HELEN ROWLAND

Das Wichtigste für eine gute Ehe ist,
daß man harmonisch zu streiten lernt.

ANITA EKBERG

Ein Fifty-fifty in der Ehe gibt es nicht.
Einer hat immer die Oberhand.

LILLI PALMER

Immer wenn Ehen besonders glücklich sind,
liegt es meist ein bißchen mehr an der Frau
als an dem Mann.

URSULA VON KARDORFF

Die Ehe ist eine ausgezeichnete Sache für Leute,
die schon verheiratet sind.

ANITA EKBERG

Ein Mann braucht fünfundzwanzig Jahre, um sich an die Ehe zu gewöhnen. Es ist ein Wunder, daß die Frauen so viel Geduld aufbringen, um darauf zu warten.

Jane Thornton

Für eine gute Ehe gibt es einen sehr einfachen Maßstab: Man ist dann glücklich verheiratet, wenn man lieber heimkommt als fortfährt.

Luise Ullrich

Die Ehe könnte die schönste Sache der Welt sein, wenn es mehr Kür und weniger Pflicht gäbe.

Jeanne Moreau

Wer stärker liebt, ist in der Ehe immer der Schwächere.

Eleonora Duse

Manche Ehe gilt nur deshalb als gut, weil beide Partner ungewöhnlich begabte Schauspieler sind.

Vanessa Redgrave

Die Ehe ist ein Souvenir der Liebe.

Helen Rowland

Zur Ehe gehört schon ein bißchen mehr als Liebe.

Faye Dunaway

Man wünscht seiner Tochter die Ehe und seinen Nachkommen mehr Glück.

FAY WELDON

In früheren Zeiten wurden am Altar Opfer gebracht – ein Brauch, der noch immer geübt wird.

HELEN ROWLAND

Vielleicht ist das Band, das eine Ehe zusammenhält, für Außenstehende bisweilen so unverständlich, weil man es nicht sieht.

JEANNE MOREAU

Es sind nicht die schlechtesten Ehen, wenn ein Blitz mit einem Blitzableiter verheiratet ist.

TILLA DURIEUX

Jemand fragte mich, warum Frauen nicht ebensolche Spieler sind wie Männer, und ich gab die vernünftige Antwort, daß wir nicht so viel Geld besitzen. Das war eine wahre, aber unvollständige Antwort. Tatsächlich wird der Spieltrieb der Frauen ganz und gar durch die Ehe befriedigt.

GLORIA STEINEM

Die Ehe verlangt von zwei Menschen die größtmögliche Beherrschung der Kunst der Unaufrichtigkeit.

VICKI BAUM

Jedes brave eheliche Verhältnis endet mit Freundschaft.

MARIE VON EBNER-ESCHENBACH.

Das Band, das eine Ehe zusammenhält, ist zwar unsichtbar, aber man hört, wenn es reißt.

LUISE RINSER

Es sind meistens Kleinigkeiten, die Ehen in die Brüche gehen lassen. Zum Beispiel, wenn der Mann anfängt, seiner Frau am Morgen das Kleid falsch zuzuknöpfen.

MARGUERITE DURAS

Ich wäre lieber eine Bettlerin und allein,
als eine Königin und verheiratet.
Der Ehering wäre für mich ein Joch.

ELIZABETH I. VON ENGLAND

Ich kann diese Mr.- und Mrs.-Noah-Einstellung zur Ehe nicht ausstehen. Die Tiere gingen in größter Not zu zweit auf die Arche, für alle Zeiten mit Klebstoff aneinandergefesselt.

VITA SACKVILLE-WEST

Meine Ehe konnte nicht gutgehen. Ich war ein menschliches Wesen und er ein Klingone.

CAROL LIEFER

Sex verliert nach einiger Zeit an Reiz, und Schönheit verblüht. Aber mit einem Mann verheiratet zu sein, der einen jeden Tag zum Lachen bringt, das ist eine echte Freude.

JOANNE WOODWARD

Ehefrau

Mit einer guten Ehefrau geht es wie mit einer vermeintlich verlegten Brille: Man hat sie dauernd vor Augen, aber man merkt es nicht.

VICTORIA SAUNDERS

Die ideale Ehefrau kennt alle Lieblingsspeisen ihres Mannes – und alle Restaurants, in denen man sie bekommt.

LAURA ANTONELLI

Die erste Aufgabe einer jungen Ehefrau besteht darin, die Freunde ihres Mannes in die Flucht zu kochen.

MICHELINE PRESLE

Ehemann

Man muß unterscheiden zwischen Ehemännern und verheirateten Junggesellen.

MAUREEN KELLY

Die Unterschiede zwischen Ehemännern sind so gering, daß man genausogut den ersten behalten kann.

ADELA ROGERS ST. JOHN

Ehemänner sind wie Kaminfeuer. Sobald sie unbeobachtet sind, gehen sie aus.

ZSA ZSA GABOR

Ein verliebter Mann ist solange vollständig,
bis er verheiratet ist. Dann ist er – fertig.

ZSA ZSA GABOR

Wenn Liebe bedeutet, niemals um Entschuldigung bitten zu müssen, dann heißt Ehe, immer alles zweimal sagen zu müssen. Dank einer unbekannten Laune des Universums hören Ehemänner dich nie beim ersten Mal.

ESTELLE GETTY

Bevor ich ihn kannte, war mir nicht bewußt, daß der Kauf von Schnürsenkeln der falschen Länge ein Grund dafür sein kann, an Selbstmord zu denken.

SARAH WOODS

Ich glaube an die Großfamilie. Jede Frau sollte mindestens drei Ehemänner haben.

ZSA ZSA GABOR

Wenn zwei Menschen heiraten, werden sie vor dem Gesetz zu einer Person, und diese eine Person ist der Ehemann.

SHANA ALEXANDER

Es ist lächerlich anzunehmen, man könne sein ganzes Leben mit einem einzigen Menschen verbringen. Drei sind ungefähr die richtige Anzahl. Ja, ich stelle mir vor, drei Ehemäner wären angemessen.

CLARE BOOTH LUCE

Ein Ehemann ist das, was von dem Liebhaber
übriggeblieben ist, nachdem ihm alle
Lebensenergie genommen wurde.

HELEN ROWLAND

Man muß unterscheiden zwischen Ehemännern
und verheirateten Junggesellen.

ERIKA PLUHAR

Ich finde, jede Frau hat das Recht auf einen
Übergangs-Ehemann, den sie später vergessen kann.

ADELA ROGERS ST. JOHN

Vor der Heirat erklärt ein Mann, er würde dir
sein Leben zu Füßen legen; nach der Heirat legt
er nicht einmal seine Zeitung weg,
um mit dir zu reden.

HELEN ROWLAND

Einen Mann zu heiraten ist, wie etwas zu kaufen,
das man schon lange im Schaufenster
bewundert hat. Man ist überglücklich,
wenn man es schließlich zu Hause hat,
aber nicht immer paßt es zu allem dazu.

JEAN KERR

Ich wurde gebeten, ein paar Worte über
meinen Ehemann zu verlieren.
Wie wär's mit »klein« und »billig«?

PHYLLIS DILLER

Mancher Ehemann sollte öfter in den Spiegel schauen, dann würde er erkennen, daß seine Frau ihn trotzdem geheiratet hat.

LINDA SPEAR

Amerikanische Ehemänner sind die besten der Welt: Keine anderen Ehemänner sind ihren Frauen gegenüber so großzügig oder lassen sich so leicht scheiden.

ELINOR GLYN

Ein Ehemann ist Rohstoff, kein Fertigprodukt.

GRETHE WEISER

Der ideale Ehemann ist nichts als ein unbestätigtes Gerücht.

BRIGITTE BARDOT

Ehemänner und ihre Frauen verstehen einander aufgrund der Tatsache nicht, daß sie verschiedenen Geschlechtern angehören.

DOROTHY DIX

Eine Zeitung hat auch etwas Gutes: Man sieht den Kopf des Ehemannes beim Frühstück nicht.

DANIELLE MICHAUX

Ich wechsle meine Ehemänner, aber nicht meine Freunde.

BRIGITTE BARDOT

Als Bräutigam verspricht der Mann der Braut Glück in der Ehe. Als Ehemann fordert er es von ihr.

ELEONORE VAN DER STRATEN-STERNBERG

Alle Männer sind auf der Suche nach der idealen Frau – vor allem nach der Hochzeit.

HELEN ROWLAND

Ehe – Sparflamme der Leidenschaft.

BIRGIT BERG

Einen Mann, den man bis ans Lebensende behalten will, übernimmt man am besten aus zweiter Hand. Gebrannte Kinder sind die besten Ehemänner.

SIMONE BICHERON

Ehrlichkeit

Der einzige Ort, wo ich aufrichtig bin, ist das ehebrecherische Bett.

ERICA JONG

Eifersucht

Eifersucht ist nur dann ein Vergnügen, wenn man sie erregt.

GLORIA WYNNE

Eifersucht ist die Angst, das zu verlieren, was man am meisten liebt. Das ist ganz normal. Die Verdächtigungen sind es, die abnormal sind.

JERRY HALL

Eifersucht ist nicht der Gradmesser für die Größe der Liebe. An ihr läßt sich lediglich die Unsicherheit des Liebenden ablesen.

MARGARET MEAD

Eine Frau ist erledigt, wenn sie Angst vor ihrer Rivalin hat.

MADAME DUBARRY

Ich finde, die einzige Eifersucht, die sich lohnt, ist sexuelle Eifersucht. Komme ich ihm dahinter, gehe ich. Ich bin doch keine Masochistin.

JEAN MARSH

Einbildung

Einbildung heißt die Bildung der dummen Leute.

CHARLOTTE SEEMANN

Einbildungskraft ist das, was manchen Politiker glauben macht, er sei ein Staatsmann.

ROBERTA TENNES

Einfall

Daß die Frauen das letzte Wort haben, beruht hauptsächlich darauf, daß den Männern nichts mehr einfällt.

HANNE WIEDER

Einladung

Man ärgert sich, wenn man nicht
zu einer Party eingeladen wird,
die man ohnehin nicht besucht hätte.
Das Fernbleiben ist dann nur halb so schön.

LISELOTTE PULVER

Einziehen

Im Gespräch mit dem Chef lernen die Männer,
den Kopf einzuziehen. Im Gespräch mit jungen
Damen lernen sie, den Bauch einzuziehen.

ELSIE ATTENHOFER

Eitelkeit

Selbst der bescheidenste Mensch hält mehr von sich,
als sein bester Freund von ihm hält.

MARIE VON EBNER-ESCHENBACH

Eitelkeit ist der Wunsch, bei dem, was man tut,
gesehen zu werden.

HEIDE SIMONIS

Eleganz

Eleganz ist Verweigerung

COCO CHANEL

Eltern

Wenn du von deinem Kind niemals gehaßt
worden bist, bist du niemals wirklich
Vater oder Mutter gewesen.

BETTE DAVIS

Für Eltern geht es nicht darum, was sie tun
sollen, sondern was sie aushalten können.

KATHARINE WHITEHORN

Eltern sein ist die Kunst des Möglichen.

KATHARINE WHITEHORN

Emanzipation

Ich bin gegen Emanzipation. Durch Emanzipation
verliert die Frau ihre Weiblichkeit, und was kann
ihr Schlimmeres passieren?

ANNA MOFFO

Ich würde lieber auf einem Sofa liegen,
als darunter aufzuwischen.

SHIRLEY CONRAN

Die beste Form der Emanzipation sehe ich darin,
sich um das Geschlecht gar nicht zu kümmern und
nur darauf zu achten, ob jemand gut oder böse,
gescheit oder dumm ist,
unabhängig von den Chromosomen.

LILLI PALMER

Die wahre Emanzipation fängt weder bei den
Wahlen noch bei den Gesetzen an.
Sie beginnt in der Seele der Frau.

EMMA GOLDMANN

Eine wirklich emanzipierte Frau braucht ihre
Emanzipation nicht zu plakatieren. Sie ist für sie
so selbstverständlich wie Pulsschlag und Atemluft.

GIULETTA MASINA

Ich bin die emanzipierteste Frau der Welt. Jede
Frau kann emanzipiert sein, wenn sie will. Sie
muß nur zuerst ihren Mann davon überzeugen.

MARTHA MITCHELL

Manche von uns emanzipierten Frauen nehmen
die Gewohnheiten der Männer an, die die gern
geheiratet hätten.

GLORIA STEINEM

Die Emanzipation sollte damit beginnen, daß die
Männer endlich den Mund halten und uns nicht
immer ins Wort fallen, wenn wir sagen,
was wir denken.

MICHÈLE PERRIN

Am wenigsten emanzipiert ist
die deutsche Frau im Bett.

URSULA HERKING

Eine emanzipierte Frau ist eine, die Sex vor
der Ehe und danach einen Beruf hat.

GLORIA STEINEM

Die Emanzipation ist erst dann vollendet,
wenn auch einmal eine total unfähige Frau in
eine verantwortliche Position aufgerückt ist.
AGATA CAPIELLO

Emanzipation ist, wenn ich alles bezahle
und wir nicht verheiratet zusammenleben.
EVA HELLER

Emotion

Wenn keine emotionale Beziehung da ist,
spiele ich lieber Tennis.
BIANCA JAGGER

Empfängnisverhütung

Die effektivste Methode der Empfängnisverhütung,
die ich kenne, ist, den Tag mit meinen Kindern
zu verbringen.
JILL BENSLEY

Entblößung

Ich habe keine Einwände gegen frauliche
Entblößung, wenn es
um die Ellenbogen geht.
ALICE SCHWARZER

Entscheidung

Die letzte Entscheidung einer Frau ist oft entgegengesetzt derjenigen, der sie impulsiv folgt.
VICKI BAUM

Es ist nicht so sehr die Frage, ob man sich für einen Mann entscheiden soll oder nicht – es ist die Frage, was man nun mit all den anderen tun soll.
PATRICIA HENLEY

Enttäuschung

Jede enttäuschte Liebe macht ein bißchen immun gegen die nächste.
URSULA ANDRESS

Entwicklung

Einige von uns entwickeln sich zu den Männern, die wir mal heiraten wollten.
GLORIA STEINEM

Erfahrung

Es gehört Erfahrung dazu, wie eine Anfängerin zu küssen.
ZSA ZSA GABOR

Wir machen keine neuen Erfahrungen,
aber es sind immer neue Menschen,
die alte Erfahrungen machen.
RAHEL VARNHAGEN

Erfolg

Mancher Mann verdankt seinen Erfolg einer Frau,
die ständiger an seiner Seite stand. Noch mehr
Männer verdanken ihn jedoch einer Frau,
die sie ständig in die Seite getreten hat.
HARRIET BOWLES

Erfolg hat viele Männer zu Versagern gemacht.
CINDY ADAMS

Eine Frau, die geliebt wird, hat immer Erfolg.
VICKI BAUM

Wenn ein Mann mit seinen Erfolgen bei
Frauen angibt, hat er sie nicht.
KARIN EICKELBAUM

Erfolg verändert Männer nicht. Er entlarvt sie.
SUZANNE NECKER

Hinter jeder Frau, die erfolgreich werden könnte,
steht mindestens eine Frau, die sie am Erfolg
zu hindern versucht.
LORE LORENTZ

Hinter jedem erfolgreichen Mann steht
eine überraschte Frau.
MARYON PEARSON

Eine Frau, die die Einsamkeit als natürliche
Begleiterscheinung des Erfolgs in Kauf nimmt,
akzeptiert die Strafe für ein Verbrechen,
das sie nicht begangen hat.
MARLO THOMAS

Erfolg muß man langsam löffeln,
sonst verschluckt man sich an ihm.
ERIKA PLUHAR

Warum müssen wir alle nackt sein,
um Erfolg zu haben?
JULIA ROBERTS

Ich habe immer daran geglaubt:
Wenn man sich vornimmt, Erfolg zu haben,
hat man ihn bereits.
KATHERINE DUNHAM

Der Erfolg hat mich nicht verdorben.
Ich war schon immer unerträglich.
FRAN LEBOWITZ

Erinnerung

Wer sich gern erinnert, lebt zweimal.
FRANCA MAGNANI

Erniedrigung

Die schrecklichste Erniedrigung ist, von einem Fremden die Bettpfanne gereicht zu bekommen und beim Vornamen genannt zu werden.

MAGGIE KUHN

Eroberer

Die Männer versäumen mehr Eroberungen durch eigene Ungeschicklichkeit als durch die Tugend der Frauen.

NINON DE LENCLOS

Die Weltgeschichte ist voll von Eroberern, die vor Frauen kapituliert haben.

ISA MIRANDA

Mein Mann ist Deutscher; jeden Abend verkleide ich mich als Polin und er erobert mich.

BETTE MIDLER

Männer, die sich auf ihre Eroberungen etwas einbilden, ahnen in den seltensten Fällen, wie oft sie selbst erobert worden sind.

JEANNE MOREAU

Die Männer würden Frauen leichter erobern, wenn sie nicht so stolz darauf wären.

VIRNA LISI

Eros

Eros ist der jüngste der Götter. Er ist auch derjenige, der am häufigsten müde ist.

NATALIE BARNEY

Erotik

Keine Frau bemüht sich um Erotik, solange sich die Männer ausreichend darum kümmern.

FRANÇOISE SAGAN

Eine Frau in Spitzen und Rüschen hat sicher mehr erotische Geheimnisse als eine im Topless-Bikini.

MAUD WILLIAMS

Tragen Sie einen Taft-Slip, der bei jeder Bewegung knistert, und die Männer drehen durch. Reiben Sie beim Gehen die Oberschenkel aneinander. Das Geräusch, das die Nylons dabei machen, bringt sie ebenfalls zur Raserei.

GAEL GREENE UND JEANNIE SAKEL

Erste Liebe

Erste Liebe nennt man ein Versprechen, das andere halten werden.

SENTA BERGER

Die erste Liebe ist wie der erste Schnee: Man sieht die Spuren deutlich.

SUZANNE DOUCET

Die erste Liebe ist selten mehr als ein Appetitanreger, obwohl man sie anfangs für eine Hauptmahlzeit hält.
MICHÈLE MORGAN

Erwachsener

Erwachsenwerden heißt, alleine zu schlottern.
MIREILLE BEST

Erwartung

Jede Frau erwartet von einem Mann, daß er hält, was sie sich von ihm verspricht.
CHARIKLIA BAXEVANOS

Erziehung

Man kann in Kinder nichts hineinprügeln, aber vieles herausstreicheln.
ASTRID LINDGREN

Wenn eine Frau mit den Kindern nicht fertig wird, fängt sie an, den Mann zu erziehen – irgendein Erfolgserlebnis braucht ja schließlich jeder.
STELLA BING

Eltern verzeihen ihren Kindern die Fehler am schwersten, die sie ihnen selbst anerzogen haben.
MARIE VON EBNER-ESCHENBACH

Essen

Gutes Essen ist wie guter Sex – je mehr man davon bekommt, desto mehr will man davon haben.
Gail Greene

Ich esse ganz bewußt zuviel, um meinem Körper so üppige Formen zu verleihen, wie es nur geht. Fett ist das sinnlichste Erlebnis, das ich je hatte.
Margaret Deirdre O'Hartigan

Iß nie mehr als du tragen kannst.
Miss Piggy

Alles, was Sie hier sehen, verdanke ich Spaghetti.
Sophia Loren

Die Welt gehört denen, die keine festen Essenszeiten haben.
Anna de Noailles

Eva

Es hätte nicht des Apfels bedurft,
Adam zu verführen.
Eva allein genügte schon.
Marianne Langewiesche

Ewigkeit

Die Ewigkeit fängt nicht erst nach unserem Tod an.
Sie besteht die ganze Zeit über.
Wir befinden uns jetzt mittendrin.
CHARLOTTE PERKINS GILMAN

Exzeß

Zuviel des Guten kann wundervoll sein.
MAE WEST

F

Falten

Gott ist leider nicht galant. Sonst hätte er uns
die Falten an die Fußsohlen gemacht
und nicht ins Gesicht.

NINON DE LENCLOS

Der Gipfel der Ungerechtigkeit: Falten machen
einen Mann attraktiver, eine Frau älter.

JEANNE MOREAU

Ich freue mich über meine Falten und betrachte sie
als eine Auszeichnung. Ich habe hart dafür gearbeitet.

MAGGIE KUHN

Ich mag Fältchen. Sie sind meine Auszeichnung –
sie zeigen, daß ich gelebt habe.

SHIRLEY MACLAINE

Familie

Ich liebe meine Kinder alle,
aber einige mag ich nicht.

LILLIAN CARTER

Ich habe noch nie gehört, daß ein Mann um Rat gefragt hätte, wie er Karriere und Familie miteinander vereinbaren kann.
GLORIA STEINEM

Familien, vor allem die Ehemänner, töten die Kreativität.
BRENDA UELAND

Fehler

In der Liebe ist ein Fehler, den man gemeinsam macht, manchmal das einzig Richtige.
SENTA BERGER

Eine Frau, welche die Fehler ihres Mannes nicht liebt, liebt ihn nicht.
SOPHIA LOREN

Zeig mir einen Menschen, der noch nie einen Fehler begangen hat, und ich sage dir, daß er in seinem Leben nicht viel erreicht hat.
JOAN COLLINS

Wenn ich mein Leben noch einmal leben könnte, würde ich die gleichen Fehler machen, nur früher.
TALLULAH BANKHEAD

Frauen geben Fehler leichter zu als Männer. Deshalb sieht es so aus, als machten sie mehr.
GINA LOLLOBRIGIDA

Feind

Eine gescheite Frau hat Millionen geborener Feinde – alle dummen Männer.

MARIE VON EBNER-ESCHENBACH

Liebe deinen Feind – es wird ihn wahnsinnig machen.

ELEANOR DOAN

Ich mache mir ganz bewußt Feinde. Sie sind die pikante Würze in meinem Leben.

ELSA MAXWELL

Feminismus

Das Motto meines Feminismus lautet: Komm allein zurecht. Wir können uns nicht ständig bei anderen beklagen.

CAMILLE PAGLIA

Es gibt überzeugte, politische, zornige Frauen mit der Haltung: Seht ihr nicht, wie gut wir sind, ihr Wichser? Und dann gibt es Frauen, die sich den Busen operieren lassen. Beide versuchen, den Männern was zu beweisen. Für mich liegt Feminismus irgendwo zwischen den Puppen und den Hodenquetscherinnen.

LAURA DERN

Wir wußten nicht, wohin es führen würde, aber wir wußten, daß es getan werden mußte.

BETTY FRIEDAN

Nennen Sie mich nie wieder
einen weiblichen Jockey!
ROBYN SMITH

Die Frauenbewegung hat mein Liebesleben in keiner Weise verändert. Sie würde es nicht wagen!
ZSA ZSA GABOR

Wenn Gott wollte, daß wir mit dem Unterleib denken, warum hat er uns dann ein Gehirn gegeben?
CLARE BOOTH LUCE

Geht niemals mit Ärger ins Bett.
Bleibt wach und kämpft.
PHYLLIS DILLER

Ich ärgere mich über Feministinnen, die ständig ausposaunen, Frauen seien klüger als Männer. Natürlich stimmt das, aber es sollte nicht so breitgetreten werden, sonst verdirbt es einen den ganzen Spaß.
ANITA LOOS

Wenn eine Frau sich schon wie ein Mann benimmt, warum kann sie sich dann nicht wie ein netter Mann benehmen?
EDITH EVANS

Man muß seinen feministischen Grundsätzen treu bleiben. Ich würde niemals meinen Slip zusammen mit einer Männerunterhose an derselben Wäscheleine trocknen.
DOROTHY MILLS

Frauen sind die einzige ausgebeutete Kaste der Geschichte, deren Machtlosigkeit verherrlicht wurde.
ERICA JONG

Wir sind noch nicht weit gekommen – wirklich nicht. Sonst würde man uns nicht »Baby« nennen.
ELIZABETH JANEWAY

Von allen schrecklichen Folgen, die man der Frauenbewegung prophezeite, war vom feministischem Standpunkt aus keine so alarmierend wie die Vorstellung, Frauen könnten möglicherweise wie Männer werden.
BARBARA EHRENREICH

Feministin

Kratz an der Oberfläche einer Feministin, und in den meisten Fällen findest du darunter eine Frau, die sich danach sehnt, ein Sexobjekt zu sein. Der Unterschied ist nur, daß das nicht alles ist, was sie sein will.
BETTY ROLLIN

Wann immer ich Gefühle ausdrücke, die mich von einem Fußabtreter oder einer Prostituierten unterscheiden, bezeichnen mich die Leute als Feministin.
REBECCA WEST

Einige von uns werden langsam zu den Männern, die sie gern geheiratet hätten.
GLORIA STEINEM

Ich bin Feministin geworden, weil ich sonst Masochistin geworden wäre.
Sally Kempton

Fetisch

Die Fixierung auf die Brüste ist von allen Sex-Fetischen der infantilste – und der amerikanischste.
Holly Hunter

Feuerlöscher

Manche Frauen sind nur deshalb nicht Feuer und Flamme, weil sie mit einem Feuerlöscher verheiratet sind.
Senta Berger

Figur

Es ist nicht gerade das, was man eine gute Figur nennen würde, nicht wahr?
Twiggy

Die Leute können mich schon nicht ausstehen, weil ich eine tolle Figur habe und schön bin. Dazu bin ich auch noch klug. Das scheint irgendwie zuviel des Guten zu sein.
Gabrielle Reece

Flirt

Flirt ist ein Überbrückungskredit
bis zur nächsten Liebe.
JEANNE MOREAU

Flirt ist Training mit dem Unrichtigen
für den Richtigen.
SENTA BERGER

Ein Flirt ist wie eine Tablette: Keiner kann die
Nebenwirkungen genau vorhersagen.
CATHÉRINE DENEUVE

Flirt ist die Kunst, so weit davonzulaufen,
daß man bestimmt eingeholt wird.
ZSA ZSA GABOR

Flirts aus der Ferne sind wie Sachertorten
aus einem Bilderbuch.
ERIKA PLUHAR

Flirt ist ein Versuch, gleichzeitig
Feuer zu fangen und zu löschen.
SENTA BERGER

Die Einladung zum Flirt wird
mit den Augen geschrieben.
JEANNE MOREAU

Beim Flirten laufen Männer einer Frau nach,
die längst hinter ihnen her ist.
COLETTE

Der Flirt ist ein Wettlauf, bei dem man gewonnen hat, wenn man eingeholt worden ist.

Jeanne Moreau

Fotografieren

Fotografieren erschien mir immer wie etwas Unanständiges, das hat mir mit am meisten daran gefallen. Und als ich die ersten Bilder machte, fühlte ich mich richtig pervers.

Diane Arbus

Frage

Die meisten Fragen werden erst durch die Antwort indiskret.

Faye Dunaway

Frau

Eine Frau ohne Mann ist wie ein Fisch ohne Fahrrad.

Gloria Steinem

An der Seite vieler Männer kann sich eine Frau maximal den Rang eines Möbelstücks erarbeiten.

Amelie Fried

Ein Mann kann höchstens vollständig sein, eine Frau aber vollkommen.

Eleonora Duse

Die meisten Frauen wählen ihr Nachthemd
mit mehr Verstand als ihren Ehemann.
LAUREN BACALL

Während junge Männer davon träumen,
was sie erreichen und gewinnen wollen,
träumen junge Frauen davon, wen sie erreichen
und gewinnen wollen.
CHARLOTTE PERKINS GIEMAN

Eine Frau ist wie ein Teebeutel. Wie stark sie ist,
weiß man erst, wenn man sie in heißes Wasser hängt.
NANCY REAGAN

Was wollen Frauen? Schuhe.
MIMI POND

Keine Frau trägt gern ein Kleid, das eine andere
abgelegt hat. Mit Männern ist sie nicht so heikel.
FRANÇOISE SAGAN

Wer eine Frau beim Wort nimmt,
ist ein Sadist.
JEANNE MOREAU

Das Problem für die Frau liegt darin, den Mann so
kleinzukriegen, daß einiges an ihm immer noch
groß genug bleibt.
LINDA LION

Der Pullover einer Frau sitzt richtig, wenn die
Männer nicht mehr atmen können.
ZSA ZSA GABOR

Die Frauen müssen wieder lernen, den Mann
auf das neugierig zu machen, was er schon kennt.
COCO CHANEL

Die Männer, auf die die Frauen fliegen,
sind nicht dieselben, bei denen sie landen.
SENTA BERGER

Passiert einem Mann auf offener Straße ein
Unfall, schaut er zuerst nach seinem Geld –
die Frau zuerst in den Spiegel.
MARGARET TURNBULL

Eine Frau wird gefährlich, wenn sie hilflos ist.
FELICITAS VON REZNICEK

Frauen mit Vergangenheit interessieren die
Männer, weil die Männer hoffen, daß sich
Geschichte wiederholt.
MAE WEST

Eine Frau kann jederzeit hundert Männer
täuschen, aber nicht eine einzige Frau.
MICHÈLE MORGAN

Sie kocht wie eine Göttin und putzt wie ein Teufel.
CHARLOTTE SEEMANN

Frauen waren jahrhundertelang ein Vergrößerungs-
spiegel, der es den Männern ermöglichte, sich
selbst in doppelter Lebensgröße zu sehen.
VIRGINIA WOOLF

Eine Frau, die so klug ist, den Rat eines Mannes einzuholen, wird bestimmt nicht so dumm sein, ihn auch zu befolgen.

ELSA MAXWELL

Frauen sind nicht dumm.
Sie sind bloß die Dummen.

BIRGIT BERG

Der Charakter einer Frau zeigt sich nicht, wo die Liebe beginnt, sondern wo sie endet.

ROSA LUXEMBURG

Eine gescheite Frau hat Millionen geborener Feinde – alle dummen Männer.

MARIE VON EBNER-ESCHENBACH

Eva ist die umgearbeitete, verbesserte und gekürzte Ausgabe von Adam.

HELEN VITA

Frauen sind immer dann besonders gestraft, wenn sie einen Mann haben, der selber Kind bleiben will.

MARGARETHE SCHREINEMAKERS

Ein Mann braucht eine Frau, weil irgendwann ja doch einmal etwas passiert, für das er die Politiker nicht verantwortlich machen kann.

ANONYM

Männer sind männlich, Frauen sind göttlich.

ANONYM

Ständig wird den Frauen vorgeworfen, daß sie alle Dinge persönlich nähmen. Ich wüßte keine andere ehrliche Art, sie zu nehmen.
MARYA MANNER

Die männliche Vormachtstellung hat die Frauen unterdrückt. Sie hat sie nicht besiegt.
CLARE BOOTH LUCE

Ich bin lieber eine Frau als ein Mann. Frauen dürfen weinen, hübsche Kleider tragen, und sie werden als erste von einem sinkenden Schiff gerettet.
GILDA RADNER

Man wird nicht als Frau geboren,
man wird erst zu einer.
SIMONE DE BEAUVOIR

Ich bin eine böse Frau, aber es macht verdammt viel Spaß, mit mir zusammen zu sein.
FANNY BRICE

Es ist wirklich gut,
daß ich als Frau auf die Welt gekommen bin.
Sonst wäre ich Transvestit geworden.
DOLLY PARTON

Die Kunst, eine Frau zu sein, kann nie darin bestehen, die schlechte Imitation eines Mannes zu sein.
OLGA KNOPF

Bedauernswert ist die Frau, die nichts zu bereuen hat.
JEANNE MOREAU

Du kennst keine Frau, ehe du nicht einen Brief von ihr bekommen hast.
ADA LEVERSON

Die ideale Frau gibt es ebensowenig wie den idealen Mann, bloß ein bißchen öfter.
VANESSA REDGRAVE

Eine Frau soll aussehen wie ein junges Mädchen, auftreten wie eine Lady, denken wie ein Mann und arbeiten wie ein Pferd.
CAROLINE K. SIMON

Hinter beinahe jeder Frau, die von sich reden macht, steht ein Mann, der sie enttäuscht hat.
NAOMI BLIVEN

Wenn ein Mann eine Frau kennenlernt, zu der er sich hingezogen fühlt, ist ihm so, als erblühe plötzlich eine Blume in seinem Knopfloch.
LOUISE DE VILMORIN

In neun von zehn Fällen sollte eine Frau lieber mehr Gefühle zeigen als sie empfindet.
JANE AUSTEN

Jede Frau folgt dem Mann, wohin sie will.
MONIKA PEITSCH

Eine kluge Frau, die ihre Intelligenz offen zeigt, wirkt auf viele Männer wie eine rote Verkehrsampel.

MARJORIE HALL

Ich bin nichts als ein Mensch, der im Körper einer Frau gefangen ist.

ELAINE BOOSLER

Es ist kein Kunststück, bei einer Frau der erste oder der letzte zu sein. Trotzdem bilden sich die Männer auf beides etwas ein.

FRANÇOISE ROSAY

Alle Männer sind auf der Suche nach der idealen Frau – vor allem nach der Hochzeit.

HELEN ROWLAND

Ein Mann kann sich an eine häßliche Frau gewöhnen, aber nie an eine nachlässige.

COCO CHANEL

Frauen sind wie Katzen: Beide kann man nur zwingen, das zu tun, was sie selber mögen.

COLETTE

Eine Frau, die sich gehen läßt, wird ihren Mann bald gehen lassen müssen.

NATALIE WOOD

Eine zugeknöpfte Frau ist interessanter als eine reißverschlossene. Man sollte den Männern wieder Gelegenheit zum Aufknöpfen geben.

SENTA BERGER

Wenn Frauen einander umarmen,
dann ist das so ehrlich gemeint wie die Begrüßung
der Boxer im Ring.

Annemarie Düringer

Ich bin eine Frau, die für einen Mann geschaffen
wurde, aber bisher habe ich noch keinen gefunden,
der mithalten konnte.

Bette Davis

Eine Frau tut, was der Mann will, wenn er
verlangt, was sie wünscht.

Elizabeth Taylor

Eine kluge Frau sucht die Leidenschaft ihres
Liebhabers in Gewöhnung umzuwandeln.

Simone de Beauvoir

Eine kokette Frau, die einen ständigen Liebhaber
nimmt, steht kurz vor der Abdankung.

Aimée de Coigny

Frauen, die nur alles oder nichts gewähren,
wissen nicht, was Spaß ist.

Colette

Man wird erst wissen, was die Frauen sind,
wenn ihnen nicht mehr vorgeschrieben wird,
was sie sein sollen.

Rosa Mayreder

Frauen mit Vergangenheit haben eine Vorliebe
für Männer mit Zukunft.

Diana Rigg

Nach einem Wochenende mit einem Mann sehen viele Frauen traurig aus, weil etwas passiert ist. Aber noch mehr Frauen sehen traurig aus, weil nichts passiert ist.

COLETTE

Wenn Frauen unergründlich erscheinen, liegt das meistens an dem geringen Tiefgang der Männer.

KATHARINE HEPBURN

Eine Frau darf nur so viel zeigen, daß seine Phantasie geweckt wird.

AUDREY HEPBURN

Die meisten Frauen setzen alles daran, einen Mann zu ändern, und wenn sie ihn geändert haben, mögen sie ihn nicht mehr.

MARLENE DIETRICH

Unverstandene Frauen suchen sich einen Dolmetscher.

FRANÇOISE SAGAN

Es gibt zweierlei Frauen: Die einen glauben, daß ihr Platz in der Welt das Bett sei, die anderen glauben: am Spülstein.

COLETTE

Frauenarbeit

Die Definition für Frauenarbeit ist Scheißarbeit.

GLORIA STEINEM

Ich kenne nur eine Frau, die nicht in der Lage wäre,
ein Sinfonieorchester zu dirigieren,
und das ist die Venus von Milo.

MARGARET HILLS

Frauenbewegung

Die Frauenbewegung ist nichts als Unsinn.
Die Männer sind die Diskriminierten.
Sie können keine Kinder austragen.
Und daran kann niemand etwas ändern.

GOLDA MEIR

Frauenfreundschaft

Stimmt genau, was man über Frauenfreundschaften denkt. Wir reden über die Länge von Schwänzen.

CYNTHIA HEIMEL

Ich habe die Erfahrung gemacht,
daß Frauen gewitzt und stark sind, in einer
Gemeinschaft ohne Männer leben können und
Männer im Grunde auch kaum brauchen.

ANNA QUINDLEN

Freiheit

Wen ich liebe, der soll frei sein, auch von mir.

ANNE MORROW LINDBERGH

Eine kluge Frau läßt ihrem Mann gerade so viel Freiheit, daß er nicht auf die Idee kommt, diese Freiheit zu mißbrauchen.

ANNE MORROW LINDBERGH

Ich hätte gern zwei Pässe. Einen, in dem »Frau des Premierministers« steht, und einen, in dem steht, daß ich frei bin.

MARGARET TRUDEAU

Für viele Frauen ist die Freiheit eine bessere Gefährtin als die Liebe.

LOUISE MAY ALCOTT

Freiheit, das sind nicht nur die eigenen Briefmarken.

HANAN ASHRAWI

Die glücklichsten Sklaven sind die erbittertsten Feinde der Freiheit.

MARIE VON EBNER-ESCHENBACH

Freiraum

Einem Mann seinen Freiraum zu lassen ist, wie einem Hund einen Computer zu schenken: Aller Wahrscheinlichkeit nach wird er ihn nicht weise zu nutzen verstehen.

BETTE-JANE RAPHAEL

Freude

Da ich das Unglück in den Ehen meiner Freundinnen sah, war ich froh, Musik und Lachen anstelle eines Ehemanns gewählt zu haben.

ELSA MAXWELL

Ist das ein Revolver da in Ihrer Hose oder freuen Sie sich nur, mich zu sehen?

MAE WEST

Freundschaft

Wenn Liebe in Freundschaft übergeht, kann sie nicht sehr groß gewesen sein.

KATHARINE HEPBURN

Platonische Freundschaft – die Zeitspanne zwischen Kennenlernen und erstem Kuß.

SOPHIE IRENE LOEB

Schon immer habe ich den Gedanken verabscheut, daß Sex die wichtigste Verbindung zwischen Mann und Frau ist. Freundschaft ist weitaus menschlicher.

AGNES SMEDLEY

Es gibt wenig aufrichtige Freunde – die Nachfrage ist auch gering.

MARIE VON EBNER-ESCHENBACH

Mit Geld kann man sich viele Freunde kaufen, aber selten ist einer seinen Preis wert.

JOSEPHINE BAKER

Ich hamstere zwei Dinge leidenschaftlich:
Urkunden und verläßliche Freunde.
MURIEL SPARK

Hin und wieder verlieren junge Mädchen ihren besten Freund dann, wenn sie ihn heiraten.
FRANÇOISE SAGAN

Liebe ist ein Tornado, Freundschaft ein ständig wehender Passat.
COLETTE

Frivolität

Immer nur auf die Barrikaden zu gehen,
wäre mir nicht genug.
Ich behalte mir das Recht vor, frivol zu sein.
BETTY FRIEDAN

G

Geburt

Der besondere Vorteil einer Geburt liegt darin, daß die zukünftige Mutter sich dabei zum letzten Mal abscheulich benehmen, fluchen, alle Regeln mißachten, kreischen, stöhnen und den Ehemann in die Brust boxen kann und daß man ihr alles verzeihen wird.

LIBBY PURVES

Ein Baby zu bekommen ist wie der Versuch, einen Konzertflügel durch ein Oberlicht zu bugsieren.

ALICE ROOSEVELT LONGWORTH

Geburtsurkunde

Die Geburtsurkunde ist ein Gerücht, das eine Frau durch ihr Aussehen jederzeit dementieren kann.

MARLENE DIETRICH

Geduld

Die Männer haben keine Geduld. Deswegen haben sie ja auch den Reißverschluß erfunden.

SENTA BERGER

Gefühle

Wer die Zurschaustellung von Gefühlen einklagt, will betrogen werden.

CORA STEPHAN

Lieber ohne Logik sein, als ohne Gefühle.

CHARLOTTE BRONTE

Alle Schwüre, die die ewige Dauer der Gefühle beinhalten, sind eine Vergewaltigung der Persönlichkeit. Schließlich kann niemand etwas dafür, wenn seine Gefühle sich verändern.

ELLEN KEY

Gegner

Frauen, diskutiert miteinander, hasset einander, seid niederträchtig zueinander, versucht euch gegenseitig auszustechen – aber niemals dürft ihr vergessen: Euer Gegner ist der Mann.

MICHÈLE MAUROIS

Geheimnis

Wer liebt, kann nicht schweigen. Deshalb gibt es unter Liebenden keine Geheimnisse.

VIVIEN LEIGH

Wer die Geheimnisse des Bettes verrät, verdient die Liebe nicht.

INGEBORG BACHMANN

Geiz

Geizige Männer schenken einen Lippenstift, weil sie ihn sich nach und nach zurückholen können.

ZSA ZSA GABOR

Geld

Geld ist dazu da, um ausgegeben zu werden. Strömende Wasser bleiben frisch.

FRANÇOISE SAGAN

Geld ist immer vorhanden, aber die Taschen wechseln.

GERTRUDE STEIN

Viele Männer suchen eine Frau mit Geld. Aber die meisten suchen Geld mit Frau.

JEANNE MOREAU

Es ist meistens leichter, mit einem Mann auszukommen, als mit seinem Geld.

INGRID VAN BERGEN

Geld aus Hollywood ist kein Geld. Es ist ein gefrorener Schneeball, der in deiner Hand wegschmilzt – und dann stehst du da.

DOROTHY PARKER

Niemand arbeitet so hart für sein Geld wie der, der es geheiratet hat.

KIM HUBBARD

Geld hat überhaupt nichts mit Stil zu tun,
aber natürlich ist es in jeder Situation nützlich.
DIANA VREELAND

Die beliebteste arbeitssparende Maßnahme
ist immer noch, Geld zu haben.
PHYLLIS GEORGE

Wo Geld ist, gibt es auch Kampf.
MARIAN ANDERSON

Am lebendigsten fühle ich mich,
wenn ich Geld verdiene.
BROOKE ASTOR

Ich hasse Geld, wenn es nicht mein eigenes ist.
FRANCES BROOKE

Ich habe schon früh im Leben den Kick gehabt,
den eine Frau verspürt, wenn sie einen Mann
mit Geld versorgt.
ANITA LOOS

Geliebter

Ein Geliebter ist ein Mann, den man nicht
heiratet, weil man ihn gern hat.
VANESSA REDGRAVE

Eine große Liebe läßt sich durch die Wirklichkeit
des Geliebten nicht stören.
HANNAH ARENDT

Meinen konservativen Freundinnen, die mir meine jungen Geliebten vorhalten, sage ich: »Verpißt euch oder nehmt euch selber einen.«
URSULA ANDRESS

Genie

Die Juden haben drei wahre Genies hervorgebracht: Christus, Spinoza und mich.
GERTRUDE STEIN

Genie hat kein Geschlecht.
GERMAINE DE STAEL

Es dauert ganz schön lange, bis man endlich ein Genie ist. Man muß soviel rumsitzen und nichts tun, einfach nichts.
GERTRUDE STEIN

Was glauben Sie denn, wer noch zählt, außer Shakespeare und mir?
GERTRUDE STEIN

Weder Herkunft noch Geschlecht setzen dem Genie Grenzen.
CHARLOTTE BRONTE

Gentleman

Ein Gentleman ist ein Mann, der wenigstens von Zeit zu Zeit so ist, wie er immer sein sollte.
VIVIEN LEIGH

Ein Gentleman beherrscht die Fähigkeit, die Gedanken einer Frau zu erraten, ohne daß sie ihm auf die Sprünge zu helfen braucht.

ELIZABETH TAYLOR

Ein Gentleman ist ein Mann, mit dem man noch nicht im Kino war.

MARISA MELL

Ein Gentleman ist genau das, was das Wort besagt: ein Mann, der vornehm, milde und ruhig ist, der gute Manieren hat, dem man vertrauen kann; ein Mann, der einen nie enttäuschen wird.

MARLENE DIETRICH

Heutzutage gilt ein Mann schon als Gentleman, wenn er die Zigarette aus dem Mund nimmt, bevor er eine Frau küßt.

BARBRA STREISAND

Ein Gentleman ist ein Mann, in dessen Gesellschaft die Frauen zu blühen beginnen.

JEANNE MOREAU

Gerücht

Was geflüstert wird, wird am leichtesten geglaubt.

SIMONE DE BEAUVOIR

Geschäft

Ich begreife nicht, warum man über geschäftstüchtige Frauen die Nase rümpft. Meines Wissens ist Geschäftstüchtigkeit kein sekundäres männliches Geschlechtsmerkmal.

Jane Fonda

Geschlecht

Ich persönlich empfinde es als Last, überhaupt ein Geschlecht zu haben.

Patty Smith

Der Grund, warum Männer und Frauen einander nicht verstehen: Sie gehören verschiedenen Geschlechtern an.

Dorothy Dix

Gibt es etwas Dümmeres als das Protzen mit seinem Geschlecht? Kann sich ein geistreicher Mann auf eine Eigenschaft etwas einbilden, die er mit unzähligen Nullen gemein hat?

Isolde Kurz

Die Männer halten sich für das starke Geschlecht, weil die Frauen aus ästhetischen Gründen darauf verzichtet haben, Muskeln zu entwickeln.

Françoise Sagan

Männer, die einer Frau zeigen, das sie sich als das schwache Geschlecht fühlen, sind gefährlich.

FELICITAS VON REZNICEK

Geschmack

Die Männer haben einen sehr sicheren Geschmack: Sie wünschen sich immer eine andere Frau, als sie gerade haben.

BARBRA STREISAND

Es gibt Frauen, die wohl bemerken, was eine andere kleidet, aber bei sich selbst verläßt sie der gute Geschmack.

ELIZABETH SCHULER

Geschwindkeit

Geschwindigkeitsbegrenzung ist für viele männliche Autofahrer so etwas wie eine amtlich verfügte Potenzminderung.

SILVIA MINGOTTI

Gesicht

Die Natur gibt uns das Gesicht, das wir mit zwanzig haben. Das Leben formt das Gesicht, das wir mit dreißig haben. Aber das Gesicht, das wir mit fünfzig haben, müssen wir uns selber verdienen.

COCO CHANEL

Geständnis

Geständnis nennt man den Vorgang, wenn ein Mann gerade noch zuvorkommt, bevor seine Frau dahinterkommt.

EDITH HANCKE

Gewicht

Frauen sollten lieber versuchen, zuzunehmen, statt dünner zu werden. Denn je dicker wir sind, desto mehr Platz beanspruchen wir, und desto mehr muß man mit uns rechnen. Ich finde, alle Frauen sollten so fett sein wie ich.

ROSEANNE ARNOLD

Es ist nicht einfach, Gewicht zu verlieren. Ich habe Walking gemacht, bin jeden Tag drei Kilometer gejoggt. Aber wissen Sie, was die beste Methode ist? Junge Männer.

ARETHA FRANKLIN

Ich bin nicht eins von diesen kleinen unscheinbaren Dingern. Ich habe einen Hintern und Brüste. Das ist großartig. Manchmal erzähle ich den Leuten, daß ich zehn Pfund mehr wiege, als ich wirklich auf die Waage bringe.

COURTNEY LOVE

Nichts macht eine Frau dicker als ein Mann.

ZSA ZSA GABOR

Ich fühle mich schöner, wenn ich
ein bißchen schwerer bin.
ANDIE MACDOWELL

Gewissen

Ein schlechtes Gewissen ist die Mutter
vieler guter Erfindungen.
CAROLYN WELLS

Wenn das Gewissen ein Rotlicht ist, dann bemühen
sich die meisten, noch schnell bei Gelb
über die Kreuzung zu kommen.
SENTA BERGER

Gewohnheit

Die Liebe überwindet den Tod –
aber es kommt vor,
daß eine kleine üble Gewohnheit
die Liebe überwindet.
MARIE VON EBNER-ESCHENBACH

Glamour

Jedes junge Mädchen kann glamourös sein.
Es muß nur stillstehen und dumm gucken.
HEDI LAMARR

Glamour ist nichts weiter als zivilisierter Sex.
DOROTHY LAMOUR

Gleichberechtigung

Ich wünsche mir, daß die Männer endlich
gleichberechtigt werden.
PETRA SCHÜRMANN

Was immer eine Frau macht, muß sie doppelt so gut
machen wie ein Mann, damit sie für halb so gut
gehalten wird. Zum Glück ist das nicht schwer.
CHARLOTTE WHITTON

Eine Frau, die sich für intelligent hält, verlangt die
Gleichberechtigung mit dem Mann. Eine Frau,
die intelligent ist, tut das nicht.
COLETTE

Es gibt nur sehr wenige Berufe, die einen Penis
oder eine Vagina erfordern. Alle anderen Berufe
sollten jedem gleichermaßen zugänglich sein.
FLORYNCE R. KENNEDY

Ich lasse mir den Glauben nicht nehmen,
daß manche Männer mir ebenbürtig sind.
BRIGID BROPHY

Die Gleichberechtigung ist eine gefährliche Sache.
Vielleicht fällt es den Männern ja ein,
alle drei Tage zum Friseur zu gehen und jeden
Monat einen neuen Anzug haben zu wollen
und sofort eine Szene zu machen,
wenn sie das nicht bekommen.
CYNTHIA WELLS

Unter Gleichberechtigung verstehen manche Männer, daß sie auch eine Freundin haben möchten, weil ihre Frau ebenfalls eine Freundin hat.

LISA GOCCIONI

Die Gleichberechtigung der Geschlechter wird erst dann erreicht sein, wenn mittelmäßige Frauen hohe Ämter bekleiden.

FRANÇOISE GIROUD

Gleichgültigkeit

Die Wissenschaft hat Mittel zur Behandlung der meisten Krankheiten gefunden. Aber sie hat noch kein Heilmittel für das schlimmste aller Übel entdeckt – die Gleichgültigkeit.

HELEN KELLER

Glück

Die meisten Frauen sind glücklicher durch das, was ihr Mann unterläßt, als durch das, was er tut.

VIVIEN PRICKER

Wie soll man denn überhaupt wissen, was Glück ist, wenn man ihm nie begegnet ist?

CLEO KRETSCHMER

Glück ist gute Gesundheit
und ein schlechtes Gedächtnis.

INGRID BERGMAN

Das Glück kommt lautlos,
aber man hört, wenn es geht.
ANNEMARIE SELINKO

Man darf nicht mehr Glück verbrauchen,
als man erzeugt.
GLENN CLOSE

Gott

Als Gott den Mann schuf, übte sie nur.
ANONYM

Ohne Frauen geht es nicht, das hat
sogar Gott einsehen müssen.
ELEONORA DUSE

Auch Gott lernt dazu. Man merkt das an den
Verbesserungen bei der Erschaffung der Frau
gegenüber der des Mannes.
ZSA ZSA GABOR

Im Tierreich sind die Männchen schöner als die
Weibchen. Diesen Fehler hat Gott beim
Menschen korrigiert.
CLAUDIA BINI

Die Frauen geben sich Gott hin, wenn der Teufel
nichts mehr mit ihnen zu tun haben will.
SOPHIE ARNOULD

Ich weiß, daß Gott keine Frau ist.
Eine Frau hätte die Menschheit nicht
mit so vielen Fehlern geschaffen.

JILL M. CONSIDEINE

Wenn wir mit Gott sprechen, beten wir.
Wenn Gott zu uns spricht, sind wir schizophren.

LILY TOMLIN

Ich werde in meiner letzten Stunde nicht nach einem Priester schicken, Reue zeigen oder Buße tun. Wenn Gott mich verdammt, weil ich keinen Handel mit ihm abschließe, ist das Pech. Mit so jemandem würde ich sowieso nicht die Ewigkeit verbringen wollen.

MARY MCCARTHY

Ich würde eher glauben, daß es Gott nicht gibt, als zu glauben, daß er sich gleichgültig verhalten hat.

GEORGE SAND

Ich mache mir keine Gedanken darüber, ob Gott existiert. Aber ich habe den Eindruck, Gott leidet an Alzheimer und hat vergessen, daß wir existieren.

JANE WAGNER

An Götter zu glauben stiftet immer Verwirrung.

PEARL S. BUCK

Ich persönlich bin göttlicher als jeder Mensch.

MARGARET FULLER

G-Punkt

Männer glauben an den G-Punkt.
ANONYM

Größenwahn

Die Realität ist der größte Streßfaktor für alle,
die mit ihr in Berührung kommen.
Größenwahn bewirkt, daß ich mich selbst
viel besser akzeptieren kann.
JANE WAGNER

Grüne Witwe

Grüne Witwen sind Hinterbliebene von
Männern, die noch leben.
SENTA BERGER

H

Härte

Es gibt keine harten Frauen, nur weiche Männer.
RAQUEL WELCH

Hand

Wenn ein Mann einer Frau etwas ans Herz legt, dann bestimmt seine Hand.
HELEN VITA

Laß einem Mann eine Hand frei, und er wird sie überall auf dir spazierenführen.
MAE WEST

Es ist ja keineswegs so, daß die Frauen die besseren Menschen sind, sondern sie hatten nur bisher nicht so viel Gelegenheit, sich die Hände schmutzig zu machen.
ALICE SCHWARZER

Mit geballten Fäusten kann man sich nicht die Hände schütteln.
INDIRA GHANDI

Haß

Ich habe niemals einen Mann so sehr gehaßt,
daß ich ihm seine Diamanten zurückgegeben hätte.

ZSA ZSA GABOR

Ich liebe die Menschheit, aber ich hasse die Leute.

EDNA ST. VINCENT MILLAY

Hausarbeit

Ich hasse Hausarbeit! Man macht die Betten,
wäscht das Geschirr ab – und sechs Monate später
geht's wieder von vorne los.

JOAN RIVERS

Der Haß auf die Hausarbeit ist eine natürliche
und bewundernswerte Folge der Zivilisierung.

REBECCA WEST

Hausfrau

In meiner Phantasie bin ich immer wieder eine
Hausfrau. Ich nehme an, ich bin eine Phantasie.

MARILYN MONROE

Ich behaupte nicht, daß ich eine normale
Hausfrau bin. Ich habe alles durchgemacht, Baby.
Ich bin Mutter Courage.

ELIZABETH TAYLOR

Haushalt

Ich hätte vermutlich auch zu Hause bleiben, Kekse backen und Tea-Partys veranstalten können.

HILLARY CLINTON

Ein Mann im Haus ist so im Wege!

ELIZABETH GASKELL

Haushälterin

Ich bin eine wunderbare Haushälterin. Immer wenn ich einen Mann verlasse, behalte ich sein Haus.

ZSA ZSA GABOR

Haustier

Ich habe nie geheiratet, weil ich drei Haustiere habe, die den gleichen Zweck erfüllen wie ein Ehemann. Ich habe einen Hund, der jeden Morgen knurrt, einen Papagei, der den ganzen Nachmittag flucht, und eine Katze, die spät in der Nacht nach Hause kommt.

MARIE CORELLI

Heirat

Das Problem mit machen Frauen ist, daß sie wegen nichts völlig aus dem Häuschen geraten – und ihn dann heiraten.

CHER

Man kann anderen Leuten erklären, warum man seinen Mann geheiratet hat, aber sich selbst kann man davon nicht überzeugen.

GEORGE SAND

Männer sollen ihre Augen vor der Heirat offen halten und danach immer mindestens eins zudrücken.

MADELEINE DE SCUDÉRY

Hin und wieder verlieren junge Mädchen ihren besten Freund, indem sie ihn heiraten.

FRANÇOISE SAGAN

Mit dem Heiraten sollte man warten, bis der Richtige kommt. Die meisten Mädchen wählen ihren Ehemann mit weniger Sorgfalt als einen Gebrauchtwagen.

JULIA MCKENZIE

Ich habe unter meinem Niveau geheiratet. Alle Frauen tun das.

LADY NANCY ASTOR

Ich würde gern heiraten. Mir gefällt der Gedanke, daß ein Mann per Gesetz dazu verpflichtet ist, jede Nacht mit mir zu schlafen.

CARRIE SNOW

Ich hab ein paar Leute geheiratet, die ich nicht hätte heiraten sollen, aber haben wir das nicht alle?

MAMIE VAN DOREN

Heiraten heißt, alle seine Vernunft zusammenzunehmen, um die wahnsinnigste Handlung zu begehen, die ein Mensch begehen kann.

MARIE VON EBNER-ESCHENBACH

Warum sollte ich heiraten und einen Mann unglücklich machen, wenn ich auch Single bleiben und Tausende unglücklich machen kann?

CARRIE SNOW

Wenn Sie die Bewunderung vieler Männer für die Nörgeleien eines einzigen eintauschen wollen – nur zu, heiraten Sie!

KATHARINE HEPBURN

Ich glaube, das größte Problem alleinlebender Frauen ist mit den Leuten zurechtzukommen, die immerzu meinen, sie sollten doch endlich heiraten.

HELEN GURLEY BROWN

Ich werde wieder heiraten, wenn ich einen Mann finde, der fünfzehn Millionen Dollar hat, mir vor der Hochzeit die Hälfte davon überschreibt und dann garantiert, daß er innerhalb eines Jahres stirbt.

BETTE DAVIS

Wenn wir heiraten, übernehmen wir ein versiegeltes Schreiben, dessen Inhalt wir erst erfahren, wenn wir auf hoher See sind.

LILLI PALMER

Ich sage immer, ein Mädchen soll aus Liebe heiraten – und das so oft, bis sie sie endlich findet.

ZSA ZSA GABOR

O Gott, es ist fast unnatürlich, daß zwei Menschen den Rest ihres Lebens zusammenbleiben.

JANE FONDA

Zum Heiraten gehören immer zwei: ein Mädchen und ihre Mutter!

ADELE SANDROCK

Mir war so kalt, daß ich fast geheiratet hätte.

SHELLEY WINTERS

Wenn ein Mann eine Frau heiratet, ist es das schönste Kompliment, das er ihr macht, aber meistens auch sein letztes.

HELEN ROWLAND

Wenn du dir anschaust, was einige Mädchen heiraten, dann wird dir klar, wie sehr sie es hassen, ihren Lebensunterhalt zu verdienen.

HELEN ROWLAND

Eine Frau heiratet das erste Mal aus Liebe,
das zweite Mal aus Geselligkeit, das dritte
Mal aus Berechnung und von da ab aus Gewohnheit.
HELEN ROWLAND

Das Problem bei einigen Frauen ist,
daß sie wegen Nichts in Aufregung geraten
– und ihn dann sofort heiraten.
CHER

Wenn ein Mädchen heiratet, tauscht es die
Aufmerksamkeit vieler Männer gegen die
Unaufmerksamkeit eines einzigen ein.
HELEN ROWLAND

Er gehört zu der Sorte von Männern, die eine
Frau heiraten muß, um sie loszuwerden.
MAE WEST

Heiratsantrag

Das größte Kompliment, das ein Mann einer Frau
machen kann, ist ein Heiratsantrag.
Leider ist es meist auch das letzte.
GRETHE WEISER

Es wird für einen Mann immer unfaßbar bleiben,
daß eine Frau einen Heiratsantrag
zurückweisen könnte.
JANE AUSTEN

Herrschaft

Den Frauen wurde schon früh beigebracht, daß vorgetäuschte Nachgiebigkeit die einzige Möglichkeit ist, zu herrschen.

SARAH MOORE GRIMKÉ

Ich würde schon gern in einem kommunistischen Land leben, vorausgesetzt, ich wäre Königin.

STELLA ADLER

Herzensbrecher

In der Liebe sind auch die größten Herzensbrecher nur Lehrlinge mit Vergangenheit.

ZSA ZSA GABOR

Herzkrankheiten

Die gefährlichsten Herzkrankheiten sind immer noch Neid, Haß, Geiz.

PEARL S. BUCK

Heterosexualität

Ich finde, daß extreme Heterosexualität eine Perversion ist.

MARGARET MEAD

Hintern

Befreit euren Geist, und der Hintern wird folgen.
SARAH FERGUSON

Die größte Sünde ist es, den Hintern nicht hochzukriegen.
FLORYNCE R. KENNEDY

Hochzeit

Vor der Hochzeit wird ein Mann die halbe Nacht wachliegen, um nachzudenken, was du gesagt hast. Nach der Hochzeit wird er einschlafen, bevor du ausreden konntest.
HELEN ROWLAND

Vor der Hochzeit sprechen die Männer hauptsächlich von ihrem Herzen, später von der Leber und ganz zuletzt von der Galle.
HELEN VITA

Hochzeitsreise

Früher hat man eine einzige lange Hochzeitsreise mit dem Mann seines Lebens gemacht. Heute macht man mehrere kürzere mit verschiedenen Männern.
GOLDA MEIR

Höflichkeit

Höflichkeit bedeutet meistens, daß man den Leuten nicht sagt, was man denkt.

KATHARINE HEPBURN

Hollywood

Hollywood ist ein Ort, an dem sie dir tausend Dollar für einen Kuß bezahlen und fünfzig Cents für deine Seele.

MARILYN MONROE

Homosexualität

Menschen mit geringem Selbstwertgefühl neigen dazu, sich an ihr eigenes Geschlecht zu halten, weil es sie weniger verunsichert.

CLARA THOMPSON

Hosenträger

Ein Mann, der Hosenträger bevorzugt, mag ein guter Familienvater sein, ein feuriger Liebhaber ist er bestimmt nicht.

VIVIAN PRICE

I

Ideale Frau

Alle Männer sind auf der Suche nach der idealen Frau – vor allem nach der Hochzeit.

Helen Rowland

Illusionen

Illusionen platzen immer,
Träume werden immer wahr.

Yoko Ono

Immer

Besser immer einen als einen immer.

Magda Gabor

Infantil

Wenn man alle Männer, die infantil geblieben sind, auch als solche behandeln würde, wäre die Welt voller Kinderwagen.

Merle Oberon

Instinkt

Der vielgerühmte weibliche Instinkt gleicht einem Seismographen, der den Sturz eines Blumentopfes anzeigt, aber beim Ausbruch des Ätna versagt.

ANNA MAGNANI

Intelligenz

Männer laufen vor gescheiten Frauen davon. Intelligenz beim weiblichen Geschlecht ist ein Geburtsfehler, den man besser verbirgt.

DIANA WELLS

Ich hasse die Behauptung, daß eine Frau nicht gleichzeitig intelligent und sexy sein kann. Als ich mir die Haare blond färbte, hat das Peroxid doch nicht meine Gehirnzellen verbrannt.

LONI ANDERSON

Interesse

Ein Mann interessiert sich im allgemeinen eher für eine Frau, die sich für ihn interessiert, als für eine Frau mit schönen Beinen – wer immer sie auch sei.

MARLENE DIETRICH

Italiener

Der Italiener ist ein Gran Turismo des Flirts,
aber ein Serienwagen der Leidenschaft.
MAUD BAYNHAM

Für den Italiener ist Liebe kein Longdrink,
sondern ein Espresso.
JUDITH COSGRAVE

J

Job

Ausschlaggebend dafür, ob man einen guten Job bekommt, sollte nicht die Anordnung der Chromosomen sein.

BELLA ABZUG

Die einzige Möglichkeit vorwärtszukommen ist, sich einen schwierigen Job zu suchen, ihn gut zu erledigen und zuzusehen, daß man dafür auch ordentlich bezahlt wird. O ja, und vergeßt nicht, die Männer auszubeuten, wo es nur geht. Denn wenn ihr sie nicht, werden sie euch ausbeuten.

EL DORADO JONES

Ich finde, ein Mann, der einen Job genauso gut macht wie eine Frau, sollte auch genauso gut bezahlt werden.

CELESTE HOLM

Journalisten

Journalisten müssen die Wachhunde des Bürgers, nicht die Schoßhunde der Mächtigen sein.

LILLI GRUBER

Jungfrau

Die Natur verabscheut Jungfrauen – eingefrorenes Kapital.

CLARE BOOTH LUCE

Den Verlust meiner Jungfräulichkeit habe ich als Schritt auf der Karriereleiter angesehen.

MADONNA

Ich wette mit Ihnen, daß es in zehn Jahren wieder modern sein wird, Jungfrau zu sein.

BARBARA CARTLAND

Eine alter Jungfer zu sein ist wie Ertrinken – eine wunderbare Erfahrung, wenn man nicht mehr dagegen ankämpft.

EDNA FERBER

Jungen

Jungen sind wie Milch – wenn man sie stehen läßt, sind sie sauer.

MADONNA

Junggeselle

Junggesellen sind Reservisten, die schwer aus ihrer Reserve zu locken sind.

ELLEN KESSLER

Jeder Mann muß, darüber sollte sich eine Frau klar sein, erst einmal zu einem Ehemann entwickelt werden. Was eine Frau heiratet, ist ein Junggeselle, der momentan das Junggesellendasein satt hat.

SABINE SANDERS

Junggesellen sind Männer, die nur halb aufs Ganze gehen.

TATJANA SAIS

Junggesellen sind Männer, die wissen, wie klein die Chance ist, daß man in einer Auster eine Perle findet.

AVA GARDNER

Junggesellen sind Männer, die sich nicht auf eine einzige Frau versteifen.

HELEN VITA

Junggesellen sind Männer, die lieber suchen als finden.

CATERINA VALENTE

Ein Junggeselle ist ein Mann, der einen Haupttreffer machen will, indem er kein Los erwirbt.

ISKA GERI

Ein Junggeselle ist ein Mann, der lieber mehreren Frauen untreu als einer einzigen treu ist.

EDITH HANCKE

Junggesellen sind Männer, die gern verheiratet wären, aber nicht ständig.

HELEN VITA

K

Karate

Wenn du Karate kannst, ist es egal,
ob du Höschen trägst oder nicht.
GERMAINE GREER

Karriere

Den Aufstieg einer Frau zu einer höheren Position
hemmt nicht der Chef, sondern seine Sekretärin.
LORE LORENTZ

Ah, was für eine Frau könnte ich sein, wenn ein
fähiger junger Mann mir sein Leben widmen würde,
so wie Sekretärinnen oder Facharbeiterinnen
es bei ihren Chefs tun.
MABEL ULRICH

Ich stand länger am Ende meiner Karriere,
als die Karriere der meisten Menschen
überhaupt dauert.
MARTINA NAVRATILOVA

Mit der Zeit wird die Verwandtschaft es
akzeptieren, daß Ihre Karriere genauso wichtig
ist wie die Familie. Bis dahin wird allerdings
das Polareis geschmolzen sein.
BARBARA DALE

Kavalier

Ein Kavalier ist ein Mann, der wenigstens nicht mit den Frauen flirtet, die er im Omnibus stehen läßt.

MONIKA PEITSCH

Die Männer sind Kavaliere. Zwar drängeln sie rücksichtslos am Bus, aber wenn eine Frau hinfällt, treten sie wenigstens nicht auf sie.

OLIVIA PORTER

Ketzerei

Was in dem einen Jahrhundert als Ketzerei gilt, wird im nächsten zum Dogma.

HELEN KELLER

Kind

Wenn ich mir manchmal meine Kinder angucke, sage ich zu mir selbst: »Lillian, du hättest Jungfrau bleiben sollen.«

LILLIAN CARTER

Eltern können nie genug für Ihre Kinder tun, um wiedergutzumachen, daß sie sie auf die Welt gebracht haben.

ELIZABETH CADY STANTON

Eltern haben zuwenig Respekt vor ihren Kinder, so wie Kinder zuviel Respekt vor ihren Eltern haben.

IVY COMPTON BURNETT

Ich habe oft zu meinem Mann gesagt, daß wir vielleicht mehr Kinder hätten, wenn wir häufiger im Urlaub gewesen wären.

HILLARY CLINTON

Schon als Kind hatte ich nur ein Ziel:
Ich will die Welt regieren.

MADONNA

Ich liebe Kinder vor allem, wenn sie schreien, weil dann jemand kommt und sie mitnimmt.

NANCY MITFORD

Kinder, die man nicht liebt,
werden Erwachsene, die nicht lieben.

PEARL S. BUCK

Kinder sollten wissen, daß Mami und Papi es nicht nur tun, um ein Kind in die Welt zu setzen.

KATHARINE WHITEHORN

Kleine Kinder sind ein enormes Managementproblem,
aus dem sich allmählich eine Beziehung entwickelt.

LIBBY PURVES

Man soll die Kinder nicht in den Kleidern ihrer Vorfahren auf die Reise in die Zukunft schicken und auch nicht in deren Nervenkostümen.

ANTJE VOLLMER

Kindergeburtstag

Der Hauptzweck einer Kindergesellschaft besteht darin, daran erinnert zu werden, daß es Kinder gibt, die noch schlimmer sind als die eigenen.

KATHARINE WHITEHORN

Kino

Ich würde nicht unbedingt sagen, wenn man einen Western gesehen hat, hat man praktisch alle gesehen; aber wenn man praktisch alle gesehen hat, hat man das Gefühl, bloß einen gesehen zu haben.

KATHARINE WHITEHORN

Klarheit

Je klarer man sich ausdrückt,
desto gefährlicher werden die Worte.

MAY SARTON

Klatsch

Zeigen Sie mir einen Menschen, der nie tratscht. Das gibt's einfach nicht, daß man sich nicht für andere Leute interessiert.

BARBARA WALTERS

Frauen lieben es gar nicht, Klatsch weiterzuerzählen. Sie wissen nur nicht, was sie sonst damit tun sollen.

ROMY SCHNEIDER

Kleider

Eine Frau ist nie dieselbe in zwei verschiedenen Kleidern.

KARIN MICHAELIS

Ich habe immer gesagt, ich ziehe liebend gern meine Klamotten aus, wenn der Mann sich ebenfalls auszieht. Wenn ihr einverstanden sein, daß er mit raushängendem Schwanz rumläuft, laufe ich gern nackt herum. Aber bisher hat noch nie jemand in den Handel eingewilligt.

MICHELLE PFEIFFER

Frauen, die schon im Kleid alles zeigen, haben nichts mehr, worauf sie den Mann neugierig machen können.

RAQUEL WELCH

Klitoris

Das ist schon furchtbar: Ich weiß nicht, ob man Klitoris auf dem i oder auf dem o betont, und er sucht schon zwanzig Jahre danach und findet sie nicht.

KAREN ARTHUR

Klugheit

Die größte Klugheit einer intelligenten Frau besteht darin, ihre Klugheit nicht zu zeigen.
VIRGINIA WOOLF

Manche kluge Frau ist nur deshalb einsam, weil sie es nicht verstanden hat, ihre Klugheit zu verbergen.
DAPHNE DU MAURIER

Kluge Frauen sind meistens einsame Frauen.
VANESSA REDGRAVE

Knabe

Der Unterschied zwischen einem Knaben und einem Mann ist gar nicht so groß – er besteht meist nur in der Preisdifferenz ihrer Spielsachen.
CYNTHIA WARREN

Knie

Eine Frau ist so jung wie ihre Knie.
MARY QUANT

Kochen

Kochen ist wie die Liebe. Man sollte ganz und gar darin aufgehen oder es bleiben lassen.
HARRIET VAN HORNE

Zu viele Köche mögen den Brei verderben.
Aber einer reicht, um ihn anbrennen zu lassen.
JULIA CHILD

Königin

Die Frauen wurden lange Zeit Königinnen genannt,
aber das Königreich, das man ihnen gab,
war es nicht wert, regiert zu werden.
LOUISA MAY ALCOTT

Körper

Die Frau von heute spricht mit dem Körper,
und viele hören ihr mit den Augen zu.
RAQUEL WELCH

Kommen und Gehen

Sie freute sich immer, wenn er kam,
und bedauerte es nie, wenn er ging.
DOROTHY PARKER

Kommunikation

Während früher viele Männer um ein Gespräch baten, wenn sie in Wahrheit nur Sex wollten, fühlen sie sich heute häufig gezwungen, um Sex zu bitten, wenn wie in Wahrheit nur ein Gespräch wünschen.

KATHARINE WHITEHORN

Kommunist

Kommunisten sind Leute, die sich einbilden, sie hätten eine unglückliche Kindheit gehabt.

GERTRUDE STEIN

Kompliment

Eine Frau kann tagelang von nichts anderem leben als von einem wunderbaren Kompliment.

MICHÈLE MORGAN

Wer einer Frau unvergeßlich bleiben will, braucht ihr bloß ein hübsches Kompliment zu machen.

VIRNA LISI

Konferenz

Nicht alle Männer, die Konferenzen abhalten, haben eine Geliebte. Manche haben zwei.

ZSA ZSA GABOR

Kopf

Wenn der Kopf Ihnen das eine rät und das Herz etwas anderes, sollten Sie, bevor Sie handeln, zunächst entscheiden, ob Sie einen besseren Kopf oder ein besseres Herz haben.

MARILYN LOS SAVANT

Da alles in unserem Kopf ist, sollten wir ihn besser nicht verlieren.

COCO CHANEL

Kosmetik

Kosmetik ist die Kunst, die Geburtsurkunde zu dementieren.

OLGA TSCHECHOWA

Ist es wirklich nötig, daß sich Frauen in den täglichen Kampf um übermenschliche Schönheit stürzen, nur um diese dann den Liebkosungen eines unmenschlich häßlichen Mannes darzubieten?

GERMAINE GREER

Sich des Lebens zu freuen, ist die beste Kosmetik für eine Frau.

ROSALIND RUSSELL

Eine Kosmetikerin ist ihr eigenes Schaufenster.

OLGA TSCHECHOWA

Die Frauen machen sich nur deshalb so hübsch,
weil das Auge des Mannes besser entwickelt
ist als sein Verstand.
ZSA ZSA GABOR

Es gibt keine häßlichen Frauen,
es gibt nur gleichgültige.
HELENA RUBINSTEIN

Kreativität

Es ist bekannt, daß kreative Gehirne jegliche Art
von schlechter Erziehung überleben.
ANNA FREUD

Krieg

Der Krieg der Geschlechter findet hauptsächlich
in einigen Bestsellern statt, denn davon kann
man heutzutage gut leben.
NINA PAOLUCCI

Kultur

Kultur ist das, was der Metzger hätte,
wenn er Chirurg wäre.
MARY PETTIBONE POOLE

Künstler

Künstler haben gewöhnlich die Meinung von uns, die wir von ihren Werken haben.
MARIE VON EBNER-ESCHENBACH

Der Künstler ist ein King, auch wenn er manchmal in seinem Weltschmerz ein armes Schwein ist.
DORIS DÖRRIE

Kunst

Kunst ist kein Abbild der realen Welt. Eine ist, bei Gott, mehr als genug.
VIRGINIA WOOLF

Ich bin nicht sicher, ob ein schlechter Mensch ein gutes Buch schreiben kann. Wenn die Kunst uns nicht besser macht, wofür sollte sie dann gut sein?
ALICE WALKER

Kurve

Die Kurve ist die lieblichste Entfernung zwischen zwei Punkten.
MAE WEST

Kuß

Ein Kuß kann ein Komma sein, ein Fragezeichen oder ein Ausrufezeichen. Diese grundlegenden Satzzeichen sollte jede Frau beherrschen.

MISTINGUETT

Eine junge Frau, die sich küssen und streicheln läßt, macht auch den Rest noch mit.

ELIZABETH-CHARLOTTE, HERZOGIN VON ORLÉANS

Ein Kuß ist ein liebenswerter Trick der Natur, ein Gespräch zu unterbrechen, wenn Worte überflüssig werden.

INGRID BERGMAN

Der Kuß der Menschen ist so verschieden wie ihre Handschrift.

SHEILA SCOTT

Ein Kuß ist der Versuch, unter möglichst intensiver Benützung der Lippen gemeinsam zu schweigen.

SENTA BERGER

Der Mann stiehlt den ersten Kuß, bittet um den zweiten, verlangt den dritten, nimmt sich den vierten, akzeptiert den fünften und duldet alle folgenden.

HELEN ROWLAND

L

Ladies first

Die Parole »Ladies first« haben die Männer
wahrscheinlich beim Treppensteigen erfunden.

Jane Fonda

In vermintem Gelände sind alle Männer Gentlemen
nach dem Motto: Ladies first!

Barbra Streisand

Lächeln

Mir tut schon alles weh vom ständigen Lächeln.
Warum wird von den Frauen erwartet, daß sie
immerzu strahlen? Das ist unfair. Wenn ein Mann
feierlich aussieht, wird automatisch angenommen,
daß er ein ernsthafter Mensch ist und nicht,
daß es ihm dreckig geht.

Elizabeth II. von England

Langeweile

Es ist schlimm, wenn zwei Eheleute einander
langweilen. Viel schlimmer jedoch ist es,
wenn nur einer von ihnen den anderen langweilt.

Marie von Ebner-Eschenbach

Männer sind gerne bereit, etwas zu achten,
das sie langweilt.
MARILYN MONROE

Langeweile ist ein großer Motivator.
UMA THURMAN

Laster

Ein Grund, warum ich nicht trinke, ist der,
daß ich es mitbekommen möchte,
wenn ich mich amüsiere.
LADY NANCY ASTOR

Latin Lover

Latinos sind sinnliche Enthusiasten.
In Brasilien werfen sie Blumen auf dich,
in Argentinien sich selbst.
MARLENE DIETRICH

Leben

Es stimmt nicht, daß im Leben eine verdammte
Sache nach der anderen passiert. Es passiert
immer wieder dieselbe verdammte Sache.
EDNA ST. VINCENT MILLAY

Das Leben ist das schönste Freßgelage.
JULIA CHILD

Ich will nicht, daß das Leben die Kunst imitiert.
Ich will, daß das Leben Kunst ist.

CARRIE FISHER

Das Leben ist entweder ein Seil oder ein Federbett.
Man gebe mir das Seil.

EDITH WHARTON

Wenn ich so über mein Leben nachdenke, glaube ich nicht, daß ich ein hohes Alter erreichen werde. Aber ich würde lieber einen Tag wie ein Löwe singen, als hundert Jahre wie ein Schaf.

CECILIA BARTOLI

Ich bin eine Frau, die ihr Leben genießt. Manchmal verliere ich, manchmal gewinne ich.

MATA HARI

Das Problematische am Leben ist nicht, daß es keine Antwort gibt, sondern daß es so viele Antworten gibt.

RUTH BENEDICT

Das Leben schrumpft oder dehnt sich aus proportional zum eigenen Mut.

ANAIS NIN

Was hatte ich doch für ein wundervolles Leben!
Ich wünschte nur, ich hätte es früher bemerkt.

COLETTE

Das Beste aus seinem Leben zu machen, ist ein verdammt armseliger Weg, damit fertig zu werden.

ROSE WILDER LANE

Man braucht vor dem Leben keine Angst zu haben.
Man muß es nur verstehen.
MARIE CURIE

Das Wichtigste, was es über das Leben zu lernen gibt, ist, erstens nichts zu tun, was man nicht tun möchte, und zweitens, zu tun, was man tun möchte.
MARGARET ANDERSON

Es gibt immer zwei Möglichkeiten.
In jeder Lebenslage.
PAT CALIFA

Ich will mehr vom Leben: mehr Erfahrungen, mehr Freunde, mehr Falten.
RITA MAE BROWN

Unser Motto: Das Leben ist zu kurz, um Champignons zu füllen.
SHIRLEY CONRAN

Lebensalter

Fast jeder Mann hat zwei Lebensalter: eines, in dem er treu sein will, es aber nicht kann, und ein anderes, indem er untreu werden möchte, es aber nicht fertigbringt.
NANCY BIRCH

Lebensgeschichte

Ich war der Meinung, ich sei ein interessanter Mensch. Aber glauben Sie mir, es ist überaus erhellend, zu erkennen, daß die eigene Lebensgeschichte nicht mehr als 35 Seiten ausfüllt.

ROSEANNE ARNOLD

Lebenskunst

Lebenskunst ist die Kunst des richtigen Weglassens. Das fängt beim Reden an und endet beim Dekolleté.

COCO CHANEL

Lebenslauf

Von der Geburt bis zum achtzehnten Lebensjahr braucht ein Mädchen gute Eltern, von achtzehn bis fünfunddreißig ein gutes Aussehen, von fünfunddreißig bis fünfundfünfzig einen guten Charakter und ab fünfundfünfzig aufwärts Bargeld.

SOPHIE TUCKER

Ich glaube, daß die zweite Lebenshälfte besser verläuft als die erste. In der ersten Hälfte lernt man, wie's geht. Und in der zweiten genießt man es.

FRANCES LEAR

Leidenschaft

Das Schlimme an den Männern ist, daß sie Angst vor Leidenschaft haben. Sie lieben mit dem Fuß auf dem Bremspedal – und deshalb wissen sie überhaupt nicht, was Leidenschaft ist.

Brigitte Bardot

Kein Toter ist so gut begraben
wie eine erloschene Leidenschaft.

Marie von Ebner-Eschenbach

Eine erloschene Leidenschaft ist kälter als Eis.

Zsa Zsa Gabor

Lesben

Mein Lesbentum ist ein Akt
christlicher Nächstenliebe.
All diese Frauen da draußen beten um einen Mann,
und ich überlasse ihnen meinen Anteil.

Rita Mae Brown

O, Sie meinen, ich bin lesbisch! Natürlich bin ich das, und heterosexuell auch. Aber was hat das mit meinen Kopfschmerzen zu tun?

Edna St. Vincent Millay

Ich habe viele Feministinnen getroffen, die keine Lesbierinnen waren. Aber ich habe noch nie eine Lesbe getroffen, die keine Feministin war.

Martha Shelley

Alle Frauen sind Lesben, bis auf die,
die es nicht wissen.
JILL JOHNSTON

Welche Frau verbringt nicht neunzig Prozent
ihrer Zeit damit, sich immer mal wieder
als Lesbe zu outen?
DONNA KARAN

Lesen

Manche behaupten, Leben wäre die Sache,
aber ich ziehe Lesen vor.
RUTH RENDELL

Liebe

Ein Mann, der liebt, vergißt sich selbst. Eine Frau,
die liebt, vergißt die anderen Frauen.
DAPHNE DU MAURIER

Liebe heißt, auch den Kummer zu teilen,
den man noch nicht hat.
LISELOTTE PULVER

Liebe ist, lieber mit ihm als
ohne ihn unglücklich zu sein.
KIM GROVE

Die Liebe ist ein Versprechen,
das andere halten werden.
SENTA BERGER

In der Liebe fühlt sich der Mann als Bogen,
er ist aber nur der Pfeil.
JEANNE MOREAU

Liebe – eine der größten Banalitäten des Lebens.
COLETTE

Die Liebe verändert die Menschen. Männer
werden verrückt, Frauen werden normal.
FELICITAS VON REZNICEK

Frisch erhält sich nur eine Liebe, der ein
bißchen Kühle beigemischt ist.
MICHÈLE MORGAN

Lieben heißt – keine Wahl zu haben.
LIV ULLMANN

Wenn die Liebe mit dir fertig ist, bleibt noch
reichlich Leben übrig.
COLETTE

Es gibt Frauen, die ihre Männer mit einer ebenso
blinden, schwärmerischen und rätselhaften Liebe
lieben wie Nonnen ihr Kloster.
MARIE VON EBNER-ESCHENBACH

Liebe ist, wenn deine Neurosen zu den Neurosen
deines Partners passen.
AMELIE FRIED

In der Liebe verbindet der moderne Mann die Gefühlswärme eines Computers mit der Behutsamkeit eines Jumbo-Jet.

ANNA MAGNANI

An Rheumatismen und an wahre Liebe glaubt man erst, wenn man davon befallen ist.

MARIE VON EBNER-ESCHENBACH

Liebe ist, zusammen unter einer Decke zu stecken.

KIM GROVE

Liebe ist etwas Komisches: Ein Mann beißt ein Mädchen in den Nacken, weil es schöne Beine hat.

LILLI PALMER

Ich habe eine merkwürdige Entdeckung gemacht: Männer, die in Selbstbedienungsrestaurants essen, machen auch in der Liebe nicht viele Umwege.

HELEN HUNTER

In der Liebe sind die Vorspeisen die eigentlichen Leckerbissen.

FRANÇOISE PERTURIER

Mit der Liebe ist es wie mit einer Detektivgeschichte: Du siehst dir das Ende an und verlierst das Interesse.

DAGMAR HILAROVA

Wenn Liebe die Antwort ist, könnten Sie dann bitte die Frage noch einmal formulieren?

LILY TOMLIN

In Liebesdingen kann jede Frau schneller hören
als der Mann zu sprechen vermag.
HELEN ROWLAND

In der Liebe sind alle Männer
fortgeschrittene Anfänger.
MADAME DE PONTIGNY

Die Liebe ist wie das Schachspiel. Du mußt wissen,
welcher Mann bewegt werden muß.
JACKIE MABLEY

Die Liebe ist um vieles schöner,
wenn man nicht verheiratet ist.
MARIA CALLAS

Die Liebe ist genauso wunderbar, wie sie immer
angepriesen wird. Darum gehen die Menschen
auch so zynisch mit ihr um.
ERICA JONG

Liebe ist auch ohne die Ehe moralisch. Aber eine
Heirat ohne Liebe ist unmoralisch.
ELLEN KEY

Liebe ist die wunderbare Gabe, einen Menschen
so zu sehen, wie er nicht ist.
HANNELORE SCHROTH

Liebe ist die Geschichte des Lebens einer Frau,
aber die Episode im Leben eines Mannes.
GERMAINE DE STAEL

Liebe ist jener seltsame Zustand, den alle belächeln,
bevor sie von ihm befallen sind.
VIRNA LISI

Liebe ist nicht ein, sondern das einzige Mittel,
um glücklich zu werden.
FRANÇOISE SAGAN

Heutzutage ist Liebe Zuneigung on the rocks.
MICHÈLE MORGAN

Die Liebe gleicht einem photographischen
Entwickler, der dem flauen Negativ
deutliche Züge verleiht.
SIMONE DE BEAUVOIR

Liebe ist im Grunde eine chemische Reaktion.
Aber es macht Spaß, nach der Formel zu suchen.
HILDEGARD KNEF

Liebe ist ein Käfig mit Gitterstäben aus Glück.
CLAUDIA CARDINALE

Das Wesen der Liebe ist, miteinander
lachen zu können.
FRANÇOISE SAGAN

Liebe ist eine Komposition, bei der die Pausen
genauso wichtig sind wie die Musik.
SENTA BERGER

Eine Frau verabscheut einen Mann dafür,
daß er sie liebt – es sei denn, sie liebt ihn auch.
ELIZABETH DREW STODDARD

Über die Liebe lächelt man nur so lange,
bis sie einen selber erwischt.
ELEONORA DUSE

Liebe ist wie Grapefruit: Mit der Zeit lernt man
ihren bitteren Beigeschmack schätzen.
JEANNE MOREAU

Mancher heutige Mann liebt nach Fahrplan und
wundert sich deshalb sehr, wenn er nicht ankommt.
HEIDELINDE WEIS

Zur Liebe gehört Geduld und die Erkenntnis,
daß man selber dem anderen heftig
auf die Nerven geht.
GABRIELE WOHMANN

Liebe auf den ersten Blick ist die Entschuldigung
der Männer dafür, daß sie es eilig haben.
ELKE SOMMER

In der Liebe muß ein Mann nicht bis drei
zählen können. Es ist sogar besser,
wenn er nur bis zwei zählen kann.
LOUISE MARTINI

Eine große Liebe läßt sich durch die Wirklichkeit
des Geliebten nicht stören.
HANNAH ARENDT

Platonische Liebe ist Sex oberhalb der Ohren.
THYRA WINSLOW

Liebe, sagt man, gehe durch den Magen.
Ob das auch für die unglückliche Liebe gilt?
MARIANNE SÄGEBRECHT

Liebe lebt, Liebe stirbt. Keiner weiß, woran.
MARIA SCHELL

Frauen möchten in der Liebe Romane erleben,
Männer Kurzgeschichten.
DAPHNE DU MAURIER

Die Liebe wird nie ein Ideal sein, solange Männer
an der Illusion festhalten, daß sie ein bißchen treu
oder ein bißchen verheiratet sein können.
HELEN ROWLAND

Wenn man jemanden nicht mehr liebt, glaubt man,
man habe ihn nicht wirklich geliebt.
ANNIE DE PÈNE

Die Liebe stirbt niemals an Hunger,
aber oft an Übersättigung.
NINON DE LENCLOS

Einige Frauen und einige Männer scheinen
einander zu brauchen.
GLORIA STEINEM

Ein Mann, der liebt, vergißt sich selbst. Eine Frau,
die liebt, vergißt die anderen Frauen.
DAPHNE DU MAURIER

Liebe stirbt am ständig Baumwollenen.
GERTI SENGER

Ich habe die Männer, die ich liebte, nie gemocht,
und diejenigen, die ich mochte, nie geliebt.
FANNY BRICE

Liebesbrief

Die schönsten Liebesbriefe sind die geflüsterten.
SENTA BERGER

Liebesgeschichte

In einer wirklichen Liebesgeschichte bleibt
Leidenschaft nur Episode.
FRANÇOISE SAGAN

Liebesspiel

Beim Liebesspiel ist es wie beim Autofahren:
Die Frauen bevorzugen die Umleitung,
die Männer die Abkürzung.
JEANNE MOREAU

Liebhaber

Junge Liebhaber sind wie der Camembert:
Wenn sie reif werden, laufen sie einem davon.
FRANÇOISE ROSAY

Alle wirklich guten Liebhaber sind wortgewandt, und verbale Verführung ist der sicherste Weg zu echter Verführung.
MARYA MANNES

Bei der Liebe haben heuchlerische Liebhaber mehr Erfolg als aufrichtige Verehrer.
NINON DE LENCLOS

Wie grotesk und köstlich es ist, jemanden zu lieben, der jünger ist, als man selbst! Jede sollte das mal probieren.
BARBARA PYM

Männer lieben intensiver mit zwanzig, aber sie lieben besser mit dreißig.
KATHARINA II. VON RUSSLAND

Kratz an 'nem Liebhaber und du findest einen Feind.
DOROTHY PARKER

Liebschaft

Viele kleine Liebschaften sind fortschreitende Immunisierung gegen die große Liebe.
JEANNE MOREAU

Lippenbekenntnis

Und auf einmal verstand ich, was Lippenbekenntnisse sind: Ich küßte einen Mann.
GISELA WIDMER

Logik

Wenn es in der Welt logisch zuginge, würden die Männer im Damensitz reiten.

Rita Mae Brown

Was Logik ist, liegt in der Betrachtung desjenigen, der sie vertritt.

Gloria Steinem

Lüge

Lügen ist bei einem Liebhaber eine Kunst, bei einem Junggesellen ein Talent und bei einer verheirateten Frau eine zweite Natur.

Helen Rowland

Lust

Ich habe Lust auf eine Million Männer – aber nicht alle auf einmal.

Mae West

Luxus

Luxus ist das, was man haben muß, wenn man alles andere schon gehabt hat.

Dinah Blake

M

Macho

Die Männer werden ihre Macho-Mentalität
erst dann aufgeben, wenn sie überzeugt sind,
daß Macho etwas von vorgestern ist,
nicht von übermorgen.

JANE FONDA

Macht

Wo wäre die Macht der Frauen, wenn die
Eitelkeit der Männer nicht wäre?

MARIE VON EBNER-ESCHENBACH

Der Mächtigere in einer Beziehung ist immer der,
welcher weniger liebt.

ELEONORA DUSE

Das Gefühl der Macht ist für jeden Sterblichen
das berauschendste Stimulans.

ELLEN SWALLOW RICHARDS

Dort, wo die Macht ist, muß man die Frauen wie
Stecknadeln im Heuhaufen suchen.

ANNEMARIE RENGER

Es gibt zwei Sorten von Frauen: diejenigen,
die in der Welt Macht ausüben wollen,
und diejenigen, die im Bett Macht ausüben wollen.

JACQUELINE KENNEDY ONASSIS

Ich habe die Männer studiert und mich ihrer Welt angepaßt. Ich versuchte, ihnen nachzueifern. Schließlich stellte ich fest, daß ich nicht zu einem Mann werden muß, um mächtig zu werden.

TWYLA THARP

Mädchen

Mädchen sind so komisch, daß man nie genau weiß, was sie wollen. Sie sagen ja, wenn sie nein meinen, und treiben einen Mann nur so zum Vergnügen in den Wahnsinn.

LOUISA MAY ALCOTT

Es gibt keine guten Mädchen, die vom rechten Weg abkommen, nur schlechte Mädchen, die erwischt werden.

MAE WEST

Die guten Mädchen sind es, die Tagebuch schreiben; die bösen haben keine Zeit dazu.

TALLULAH BANKHEAD

Gute Mädchen kommen in den Himmel, böse überall hin.

UTE EHRHARDT

Es gibt zweierlei Mädchen: die einen, die Pullover stricken, und die anderen, die sie ausfüllen.
DALIAH LAVI

Junge Mädchen, das sind jene Geschöpfe, die oft ihren besten Freund verlieren, weil sie ihn heiraten.
FRANÇOISE SAGAN

Einen Haufen kleiner Mädchen am Nachmittag bei der eigenen Tochter zu Besuch zu haben, ist ungefähr so wie die Atmosphäre in der Garderobe bei der Miss-World-Wahl.
LIBBY PURVES

Wenn ein junges Mädchen Besuch von einem jungen Mann bekommt, dann stört die Mutter des Mädchens nicht der Lärm, sondern die Stille.
VIVIAN COX

Männer-Mode

Es ist nicht ungefährlich, die Männer modebewußt zu machen, denn dann fehlt das Geld für die Frauen.
CATHÉRINE DENEUVE

Männlichkeit

Niemand ist den Frauen gegenüber aggressiver oder herablassender als ein Mann, der seiner Männlichkeit nicht ganz sicher ist.
SIMONE DE BEAUVOIR

Make-up

Etliche Frauen kaufen genauso viele Perücken und diverse Make-ups wie ich. Sie tragen nur nicht alles auf einmal.

DOLLY PARTON

Ich bin nie geliftet worden. Aber morgens lege ich gern ein bißchen Glamour auf.

LOUISE NEVELSON

Es kommt mehr darauf an, was im Gesicht einer Frau ist, als auf das, was drauf ist.

CLAUDETTE COLBERT

Ein gutes Make-up ist ein Flirt zwischen Chemie und Malerie.

ESTHER MITCHELL

Make-up ist die Kunst, sich selber zu plakatieren.

OLGA TSCHECHOWA

Malen

Eines Tages ssagte ich zu mir: Ich kann nicht leben, wo ich möchte. Ich kann nicht mal sagen, was ich sagen möchte. Mir wurde klar, daß ich eine absolute Närrin wäre, wenn ich nichts wenigstens malen würde, was ich möchte.

GEORGIA O'KEEFE

Manieren

Ich habe mich selbst zur »Miss Gute Manieren« deklariert. Es war wie mit Napoleon: Du krönst dich selbst, weil es sonst keiner tun kann.

JUDITH MARTIN

Mann

Für den Mann ist jede Frau ein Rätsel, dessen Lösung er bei der nächsten sucht.

JEANNE MOREAU

Was ist denn der Mann noch? Ein Accessoire der Frauenmode.

PATRICIA WOOD

Es ist nicht so sehr die Frage, ob man sich für einen Mann entscheiden soll oder nicht – es ist die Frage, was man nun mit all den anderen tun soll.

PATRICIA HENLEY

Tief in seinem Inneren weiß jeder Mann, daß er ein wertloser Misthaufen ist. Er ist geil wie ein Vieh und schämt sich deswegen zutiefst.

VALERIE SOLANAS

Männer nehmen die Welt nicht wahr, weil sie selber glauben, sie seien die Welt.

VIRGINIA WOOLF

Komisch – jeder Mann möchte bei einer Frau
der erste sein, aber keiner der letzte.
ZSA ZSA GABOR

Männer sind mit ihrem Beruf verheiratet, aber
eine Frau sollte wenigstens erreichen können,
daß der Mann seinen Beruf mit ihr betrügt.
DIANE PINKWOOD

Alle Männer haben nur zwei Dinge im Sinn.
Geld und das andere.
JEANNE MOREAU

Die Männer sind zweifellos dümmer als die Frauen.
Oder hat man jemals gehört, daß eine Frau
einen Mann nur wegen seiner hübschen Beine
geheiratet hat?
MICHELINE PRESLE

Für mich zählen nicht die Männer in meinem Leben,
sondern das Leben in meinen Männern.
MAE WEST

Männer sind wie Schnee,
kaum hat man sie aufgetaut, schmelzen sie
und sind nicht mehr zu gebrauchen.
MARIA SCHELL

Männer haben einen sehr sicheren Geschmack –
sie wünschen sich immer eine andere Frau,
als sie gerade haben.
BARBRA STREISAND

Auch ich hatte Teflon-Zeiten, da blieb
kein Mann an mir kleben.
DIANNE BRILL

Der Mann ist ein notwendiges Übel, wobei die
Betonung mehr auf Übel als auf notwendig liegt.
YVETTE COLLINS

Männer wind wie Taschenlampen. Sie blenden,
ohne viel Licht zu verbreiten.
LORE LORENTZ

Männer sind zu allem fähig, aber zu
nichts zu gebrauchen.
IRMGARD KEUN

Männer sind die geborenen Sucher;
am liebsten suchen sie das Weite.
URSULA HERKING

Die richtigen Männer sind entweder schon
verheiratet oder sie arbeiten zuviel.
JULIETTE GRÉCO

Männer sind wie Autoreifen: immer aufgeblasen,
ohne Profil und immer bereit, einen zu überfahren.
KARIN STRUCK

Der Mann ist ein Mensch, der arbeitet.
ESTHER VILAR

Männer sind wie Rosen: Unter den Händen einer
Frau blühen sie auf, aber schließlich verduften sie.
HELEN VITA

Die Männer sind sexuelle Chauvinisten,
die uns ins Wochenbett zwingen.
MAUD CONNOLLY

Ich mag Männer, die sich wie Männer benehmen –
stark und kindisch.
FRANÇOISE SAGAN

Drei Dinge braucht der Mann: blendendes
Aussehen, Brutalität und Beschränktheit.
DOROTHY PARKER

Männer haben Angst, schwul zu werden,
wenn sie sich die Haare fönen.
ANONYM

Ich mag nur zwei Arten von Männern:
einheimische und fremde.
MAE WEST

Ein Archäologe ist der beste Mann, den eine
Frau haben kann; je älter sie wird, um so mehr
interessiert er sich für sie.
AGATHA CHRISTIE

Männer sind zwar oft so jung, wie sie sich fühlen,
aber niemals so bedeutend.
SIMONE DE BEAUVOIR

Der ideale Mann ist wie das legendäre Einhorn:
alle reden davon, aber niemand hat ihn gesehen.
GERTI SENGER

Mancher Mann verdankt seinen Erfolg einer Frau, die ihm ständig zur Seite gestanden ist. Noch mehr Männer verdanken ihn aber einer Frau, die sie ständig in die Seite getreten hat.

Harriet Bowles

Männer sind Wesen mit zwei Beinen und acht Händen.

Jayne Mansfield

Viele erfolgreiche Männer haben keinerlei sichtbare Qualifikationen außer der, keine Frau zu sein.

Virginia Woolf

Alle Männer sind gleich – bis auf den, den man gerade kennengelernt hat.

Mae West

Männer erkennt man daran, wie sie einen ansehen, wenn man sie nicht ansieht.

Johanna von Koczian

Ein Mann? Das ist doch nur ein paar Zentimeter Fleisch mehr!

Kate Millett

Männer sind wie Luft, zwar versaut, aber unentbehrlich.

Michelle Pfeiffer

Männer haben nie Schnupfen, sondern eine Virusgrippe, nie Kopfschmerzen, sondern einen Gehirntumor.

Anonym

Nur im Scherz kann man einem Mann klarmachen, daß er es ernst meint.

ERIKA PLUHAR

Ein Mann ändert eher das Antlitz der Erde als seine Gewohnheiten.

ELEONORA DUSE

Gott schuf den Mann. Dann sagte er: Das kann ich noch besser. Und schuf die Frau.

ADELA ROGERS SAINT JOHNS

Männer gelangen zu ihren Überzeugungen wie Jungen das Buchstabieren lernen. In erster Linie durchs Wiederholen.

ELIZABETH BARRETT BROWNING

Ein Mann ist ein Accessoire, wie ein Paar Ohrringe. Sie vervollständigen das Outfit, aber man braucht sie nicht wirklich, um sich wohl zu fühlen.

ROSEMARY MITTLEMARK

Kein Mann hat es je zu etwas gebracht ohne Zustimmung und Mitwirklung seiner Frau.

ABIGAIL ADAMS

Ein Mann sagte mal zu mir: »Frauen haben doch noch nie etwas produziert, das für die Welt von Bedeutung ist.« Ich antwortete ihm: »Frauen bringen Männer auf die Welt.« Und überließ ihm die Entscheidung, ob das Produkt was taugt...

ANNA SHAW

Es kommt selten vor, daß ein Mann so zuvorkommend ist zu sterben, wenn alle Welt es sich wünscht.

MARIE DE SÉVIGNÉ

Ich bin die ideale Frau für einen Mann. Aber mir ist noch kein Mann begegnet, der es mit mir aufnehmen konnte.

BETTE DAVIS

Laßt euch nie von einem fremden Mann nach Hause bringen, und vergeßt nicht, daß alle Männer Fremde sind.

ROBIN MORGAN

Alle Männer in meinem Mitarbeiterstab können Schreibmaschine schreiben.

BELLA ABZUG

Wenn man erst mal weiß, wie Frauen beschaffen sind, werden Männer irgendwie langweilig. Ich will sie nicht niedermachen; manche mag ich als Menschen, aber in sexueller Hinsicht sind sie einfach langweilig.

RITA MAE BROWN

Eines hat die Politik mich gelehrt: Männer sind weder das gelungene noch das vernünftige Geschlecht.

MARGARET THATCHER

Mein Mann wird niemals anderen Frauen nachlaufen. Er ist zu vornehm, zu anständig und zu alt.

GRACIE ALLEN

Seien wir doch ehrlich: Wenn ein attraktiver, cooler Mann daherkommt, gibt's immer einige Frauen, die ihm anbieten, seine Schuhe mit ihren Unterhosen zu putzen.

LYNDA BARRY

In meiner Nachbarschaft leben neunzehn Männer. Achtzehn davon sind Narren. Und der neunzehnte ist verdammt noch mal auch kein großes Licht.

BESSIE SMITH

Natürlich muß man die Männer nehmen, wie sie sind. Aber man darf sie nicht so sein lassen.

ZSA ZSA GABOR

Wenn du weißt, daß die meisten Männer wie Kinder sind, weißt du alles.

COCO CHANEL

Für Männer gelten die Gesetze der Optik nicht: Wenn man sie unter die Lupe nimmt, werden sie plötzlich ganz klein.

GRETHE WEISER

Männer gefallen sich darin, boshafte Bonmots über die Frauen zu verbreiten; die Frauen rächen sich dadurch, daß sie solche Bonmots zu Wahrheiten machen.

ANNA MAGNANI

Es gibt Frauen, die Darwin völlig falsch verstanden haben: Sie machen aus jedem Mann einen Affen.

CAROLA HÖHN

Je mehr Männer ich kennenlerne,
umso lieber mag ich Hunde.
GERMAINE DE STAEL

Männer bringen alles mögliche fertig wegen
eines Fußballs oder einer Fahne –
aber kaum wegen einer Frau.
LEONA SIEBENSCHÖN

Männer, die einer Frau zuerst auf die Brüste
sehen, sind Angeber, auf die man sich nicht
verlassen kann, wenn man sie braucht.
NANCY HIRSCHBERG

Männer haben es schwerer als wir Frauen.
Vor allem müssen sie mit uns fertigwerden.
FRANÇOISE SAGAN

Männer, die sich das Rauchen abgewöhnt haben,
sind mir unheimlich. Vielleicht gewöhnen sie sich
eines Tages auch die Liebe ab.
JEANNE MOREAU

Männer sind die schönste Nebensache der Welt
CHRISTIE HEFNER

Die Männer geben unter Umständen zu, daß sie
unrecht haben, aber sie werden niemals zugeben,
daß ihre Frau recht hat.
FITA BENKHOFF

Wenn man das erotische Verhalten der Männer heute betrachtet, ist es durchaus denkbar, daß Frauen eines Tages auch einen Computer lieben könnten. Der Unterschied wäre nicht groß.
Anna Magnani

Männer, die absolut nicht treu sein können, bleiben wenigstens darin sich selber treu.
Vivien Leigh

Die Männer haben nur deshalb ihre führende Position erreichen können, weil sie durch keine Schwangerschaft behindert worden sind.
Anna Magnani

Wenn die Frauen nicht wären, würden die Männer noch in den Bäumen leben.
Marilyn Peterson

Eines Tages kommt man darauf, daß es wenige Männer gibt, die so stark sind, wie man selber ist. Vor solchen Männern haben die Frauen Angst.
Romy Schneider

Wie sähe die Welt ohne Männer aus: keine Verbrechen und lauter glückliche, dicke Frauen!
Marion Smith

Mir tun die Männer leid. Sie haben mehr Probleme als die Frauen. Vor allem müssen sie mit Frauen konkurrieren.
FRANÇOISE SAGAN

Jeder Mann wünscht sich eine Frau, die an sein besseres Ich, an seine idealen Instinkte und an die höheren Werte in ihm appelliert – und eine andere, die ihm hilft, all das zu vergessen.
HELEN ROWLAND

Selten ist ein Mann so gut in Stimmung wie dann, wenn er von sich selbst erzählt.
MARLENE DIETRICH

Die Männer sagen immer wieder dasselbe, aber Gott sei Dank immer wieder zu einer anderen Frau.
JEANNE MOREAU

Alle Männer möchten zwei Frauen haben – eine schlanke, mit der sie angeben, und eine mollige, mit der sie sich abgeben.
HELEN VITA

Der Mann ist dann eine starke Persönlichkeit, wenn er eine Sekunde zögert, bevor er seiner Frau immer recht gibt.
GLORIA THOMPSON

Das Herz eines Mannes mag vielleicht eine verborgene Kammer haben, in die nur eine Frau eintreten darf, aber es ist voll mit kleinen Nebenzimmern, die selten leerstehen.

HELEN ROWLAND

Häßliche Frauen wissen mehr über Männer als hübsche.

KATHARINE HEPBURN

Sobald ein Mann anfängt, sich einer Frau gegenüber lächerlich zu benehmen, weiß man, daß er es ernst meint.

COLETTE

Es gibt nichts Eitleres als Männer, wenn sie sich nicht mehr verstellen.

MICHÈLE MORGAN

Männer wollen immer nur ihr Ding reinstecken. Das ist alles, was sie wollen.

MARLENE DIETRICH

In dem Moment, wo du einen Mann anlügst, hörst du auf, ihm zu vertrauen.

MICHELINE PRESLE

Das Interessanteste an der Biographie eines Mannes sind die Frauen, die darin vorkommen.

Germaine de Stael

Manche Frau weint, weil sie den Mann ihrer Träume nicht bekommen hat, und manche weint, weil sie ihn bekommen hat.

Annette Kolb

Frauen lassen einen Mann nur deshalb warten, weil sie damit seine Vorfreude vergrößern wollen.

Hannelore Elsner

Heute haben die Männer gar keine Zeit, männliche Qualitäten zu entwickeln. Sie sind Arbeitsmaschinen, aber keine Männer.

Esther Vilar

Wenn ein Mann sich für unwiderstehlich hält, liegt es oft daran, daß er nur dort verkehrt, wo kein Widerstand zu erwarten ist.

Françoise Sagan

Ein Mann fühlt sich erst dann von einer Frau verstanden, wenn sie ihn bewundert.

Kim Novak

Am amüsantesten ist es, wenn ein Mann sich etwas in den Kopf gesetzt hat, den er gar nicht hat.

Kim Novak

Viele Männer wären gern verheiratet – nur nicht vierundzwanzig Stunden täglich.

URSULA HERKING

Wer behauptet, die Männer könnten nicht mehr küssen, der hat noch kein Tor auf einem Fußballplatz erlebt.

VIRNA LISI

Solange die Männer nicht verheiratet sind, sprechen sie nur von ihrem Herzen. Später reden sie dann von der Galle und von der Leber.

TRUDE HESTERBERG

Perfektion an einem Mann kann man bewundern, lieben kann man sie nicht.

JEANNE MOREAU

Was den Sex betrifft, ist der Mann von Natur aus ein Tier. Ich hatte immer meine besonderen Haustierchen.

MAE WEST

Ich verlange von einem Mann nur drei Dinge: Er muß gut aussehen, skrupellos sein und dumm.

DOROTHY PARKER

Ich liebe Männer, so wie andere Leute gutes Essen oder guten Wein.

GERMAINE GREER

Zwei Dinge wird ein Mann niemals verstehen: das Geheimnis der Schöpfung und den Hut einer Frau.

COCO CHANEL

Die Männer sind im Grunde faul. Wenn alle Frauen Jobs hätten, würden die Männer zuhause bleiben, Bier trinken und sich Fernsehen anschauen.
GRACIA PATRICIA VON MONACO

Ich will einen Mann, der nett und verständnisvoll ist. Ist das zuviel verlangt von einem Millionär?
ZSA ZSA GABOR

In den Augen eines jungen Mädchens gleicht ein verheirateter Mann einem Lotterielos nach der Ziehung.
ROMY SCHNEIDER

Ein Mann im Haus ist besser als zwei auf der Straße.
MAE WEST

Nette Männer sind nie gut darin, ein Taxi zu erwischen.
KATHARINE WHITEHORN

Der Mann braucht die Frau, um über sich selbst hinauszugelangen.
SIMONE DE BEAUVOIR

Um mit einem Mann glücklich zu sein, muß man sehr viel Verständnis für ihn aufbringen und ihn außerdem ein wenig gern haben.
HELEN ROWLAND

Für ein kluges Mädchen sind Männer kein Problem – sondern die Lösung.
ZSA ZSA GABOR

Manchmal denke ich, wenn es noch ein drittes Geschlecht gäbe, würde ich keinen Mann ein zweites Mal anschauen.

AMANDA VAIL

Männlichkeit

Es gibt niemanden, der sich einer Frau gegenüber arroganter, aggressiver oder verächtlicher verhält als ein Mann, der um seine Männlichkeit fürchtet.

GEORGE ELIOT

Märchen

Früher fingen Märchen immer mit den Worten »Es war einmal« an. Heutzutage beginnen sie alle mit »Wenn ich gewählt werde«.

CAROLYN WARNER

Mannequin

Kein Mann würde sich jemals so verblöden lassen, wie die Frau es als Mannequin tut.

ALICE SCHWARZER

Unter einem Mannequin verstehen viele Leute
ein anständiges Mädchen,
das unanständige Kleider trägt.

HELLA BROCK

Masturbation

Masturbation? Aber klar – wer hat das nicht schon mal gemacht? Wir sind schließlich Amerikaner.

HOLLY HUNTER

Maxi

Maxi ist nur schön mit einem möglichst großen Schlitz, sonst vergessen die Männer am Ende, wie ein Frauenbein aussieht.

SOPHIA LOREN

Meinung

Wenn ein Mann seine Meinung sagt,
ist er ein Mann.
Wenn eine Frau ihre Meinung sagt,
ist sie ein Miststück.

BETTE DAVIS

Menschen

Je mehr ich über die Würde der Gorillas lerne, umso mehr möchte ich den Menschen aus dem Weg gehen.

DIAN FOSSEY

Gesunde Menschen sind uninteressant.

MARY GALLAGHER

Menü

Frage: Was hält ein Mann für ein siebengängiges Menü? Antwort: Ein Hot-Dog und ein Six-Pack-Bier.

ANONYM

Midlife Crisis

Ein Mann in der Midlife Crisis gleicht einem Kind, das zu Ostern noch Weihnachtsgeschenke erwartet.

HEDDA HOPPER

Minderwertigkeit

Niemand kann dich ohne dein Einverständnis dazu bringen, dich minderwertig zu fühlen.

ELEANOR ROOSEVELT

Mißstimmung

Manche Mißstimmung von Frauen, der auch beste Psychiater nicht beizukommen vermögen, kann schon ein mittelmäßiger Friseur beseitigen.

MARY MCCARTHY

Miststück

Wir sollten das »innere Miststück« in uns nicht länger verleugnen. Hört auf, euch dafür zu entschuldigen. Laßt es heraus.

ELIZABETH HILTS

Ich bin zäh und ehrgeizig, und ich weiß genau, was ich will. Wenn ich deshalb ein Miststück bin – okay!

MADONNA

Mitleid

Mitleid ist das tödlichste Gefühl, das man einer Frau anbieten kann.

VICKI BAUM

Mittelmaß

Die einzige Sünde ist Mittelmäßigkeit.

MARTHA GRAHAM

Mode

Mode ist die bereitwillige Bejahung der rätselhaften Tatsache, daß heute etwas schön ist, was gestern häßlich war und morgen unerträglich sein wird.

SENTA BERGER

Die Mode ist eine seltsame Sache: Die Modeschöpfer können Fehler machen, soviel sie wollen. Es finden sich immer Millionen Frauen, die dafür zahlen.

Barbra Streisand

Mode ist ein Diktat, das wie eine Empfehlung aussieht.

Senta Berger

Design kennt nur eine Richtung – die ungewohnte.

Donna Karan

Mode ist Ansteckung mit etwas Neuem.

Julia Roberts

Die Mode ist ein Muß, das wie ein Soll aussieht.

Jil Sander

Die Mode ist eine angenehme Vergewaltigung.

Maria Perschy

Die Mode ist eine Vergnügungssteuer, die mindestens zweimal jährlich fällig wird.

Françoise Sagan

Die Mode erlaubt den Frauen, immer dieselben und niemals die gleichen zu sein.

Senta Berger

Mode ist käufliche Schönheit für sechs Monate.

Catherine Spaak

Model

Ich wäre gern das erste Model, das eine erwachsene Frau wird.

LAUREN HUTTON

Monogamie

Wir Frauen verlieben uns immer in den gleichen Typ von Mann. Das ist unsere Form der Monogamie.

LAUREN BACALL

Moral

Ich finde, Moral ist nur ein Wort, das das Verhalten beschreibt, das gerade modern ist.

SALLY STANFORD

Die Moral, die gut genug war für unsere Väter, ist nicht gut genug für unsere Kinder.

MARIE VON EBNER-ESCHENBACH

Moral ist, wenn man so lebt, daß es gar keinen Spaß macht, so zu leben.

EDITH PIAF

Mord

Überraschend viele Frauen denken an Mord. Das befähigt sie, so gute Krimis zu schreiben.

LINDA SEMPLE

Mr. Right

Eine Frau muß sich ein- oder zweimal im Leben in den Falschen verliebt haben, um für den richtigen dankbar zu sein.

MARJORIE KINNAN RAWLINGS

Manche Frau weint, weil sie den Mann ihrer Träume nicht bekommen hat, und manche weint, weil sie ihn bekommen hat.

ANNETTE KOLB

Müll

Ich war mit einem Marxisten und einem Faschisten verheiratet. Keiner von beiden hat den Müll rausgebracht.

LEE GRANT

Mutter

Das Beste, was der Mutterschaft widerfahren konnte, ist bereits geschehen. Immer weniger Frauen entscheiden sich dafür.

VICTORIA BILLINGS

Mütter erwarten von ihren Töchtern das Beste und Schlimmste zugleich, so behalten sie immer recht.

VICKI BAUM

Hätte seine Mutter ihn nur weggeworfen
und stattdessen den Storch behalten.

MAE WEST

Es ist ganz und gar unnatürlich für eine Mutter,
mit ihren Kindern allein fertigzuwerden.

KATHARINE WHITEHORN

Der Übergang vom gesunden Egoismus einer normalen erwachsenen Person zum Status eines mütterlichen Engels kann schmerzlich sein.

LIBBY PURVES

Frauen, die nicht rechnen können,
nennt man Mutter.

ABIGAIL VAN BUREN

Mütter vergessen gerne, daß die Nabelschnur schon mit der Geburt getrennt wird.

VERA CASPAR

Mutterschaft

Mutterschaft ist eher eine
Arbeitsplatzbeschreibung
als eine Sache des Geschlechts.

LIBBY PURVES

Muttertag

Nichts ist so verlogen wie der Muttertag. Die Blumen halten noch länger als die Väter ihre Versprechen.

FEMINISTISCHE PARTEI »DIE FRAUEN«

Mut

Frauen sind mutiger als Männer. Wenn die Männer Kinder zur Welt bringen müßten, wäre die Menschheit schon ausgestorben.

THÉRÈSE LAFARGUE

N

Nachhilfe

Nachhilfeunterricht für erotisch Unbegabte ist
so sinnvoll wie ein Flugblatt für Analphabeten.
Mary Wendell

Nachthemd

Die meisten Frauen wählen ihr Nachthemd
mit mehr Verstand als ihren Mann.
Coco Chanel

Nacktheit

Ich war nicht wirklich nackt.
Ich hatte nur keine Kleider an.
Josephine Baker

Wer nackt schläft, beweist größte Selbstsicherheit;
das gilt für Frauen wie für Männer.
Unbekleidet im Bett – das heißt,
daß man nichts zu verbergen hat.
Susan Friday

Es stimmt nicht, daß ich nackt war.
Ich hatte das Radio an.
Marilyn Monroe

Ich würde eher total nackt tanzen, als so aufreizend halb angezogen durch die Straßen zu stolzieren, wie viele Amerikanerinnen es heutzutage tun.
ISADORA DUNCAN

Ich wundere mich, daß man mit einem nackten Busen überhaupt noch jemanden hinter dem Ofen hervorlocken kann.
DESIRÉE NOSBUSCH

Nächstenliebe

Unter Nächstenliebe verstehen manche Männer die Liebe zur nächsten Frau.
ERIKA PLUHAR

Nein

Nein ist ein orales Verhütungsmittel.
JOAN VICHERS

Ich kann in zwölf Sprachen Nein sagen – das genügt für eine Frau.
SOPHIA LOREN

Nervensägen

Über das Kommen mancher Leute tröstet uns nichts als – die Hoffnung auf ihr Gehen.
MARIE VON EBNER-ESCHENBACH

Nerz

Hinter jeder Frau im Nerz steht eine andere,
die darüber witzelt, wo sie ihn her hat.

INGE MEYSEL

Nett

Ich will nicht, daß die Leute nett sind.
Dann brauche ich sie auch nicht zu mögen.

JANE AUSTEN

Neugierde

Die Frauen müssen wieder lernen, den Mann auf
das neugierig zu machen, was er schon kennt.

COCO CHANEL

Niveau

Was gibt es Schöneres, als mit einem jungen Mann
und einem alten Rotwein gemeinsam die Schwelle
des gehobenen Niveaus zu verlassen?

STEPHANIE WERGER

Normal

Einen völlig normalen Menschen gibt es
in unserer Gesellschaft kaum.

KAREN HORNEY

O

Oben ohne

Frauen »oben ohne« sind wie Geheimdienstleute,
die ihren Code plakatieren.

JEANNE MOREAU

Offenheit

Unter Offenheit verstehen die Männer die Kunst,
nur so viel zu gestehen, wie die Frau bereits weiß.

TATJANA SAIS

Opfer

In alten Zeiten wurden Opfer am Altar dargebracht.
Das ist heutzutage noch genauso.

HELEN ROWLAND

Optik

Für Männer gelten die Gesetze der Optik nicht:
Wenn man sie unter die Lupe nimmt, werden sie
plötzlich ganz klein.

GRETHE WEISER

Optimismus

Eine Optimistin ist eine Frau,
die Fettpölsterchen für Kurven hält.
FRANÇOISE HARDY

Orgasmus

Ein Orgasmus ist ein Reflex – wie Niesen.
RUTH WESTHEIMER

P

Paranoia

Ich bin aus gesundheitlichen Gründen nach
New York gezogen. Ich bin paranoid,
und das ist der einzige Ort,
an dem meine Ängste bestätigt werden.

ANITA WEISS

Parfüm

Frauen benützen Parfüms, weil die Nase des Mannes
leichter zu verführen ist als das Auge.

JEANNE MOREAU

Wenn ein Mann eine Frau nicht mehr riechen kann,
hilft auch das beste Parfüm nichts mehr.

HELEN VITA

Parlament

Nun wir wollen nicht klagen. Dafür, daß es noch
1918 geheißen hat: »Frauen, Kinder und Schwach-
sinnige haben keinen Zutritt zum Parlament«,
sind wir ganz schön weit. Inzwischen haben immer-
hin schon Schwachsinnige Zutritt.

LISA FITZ

Partnerschaft

In einer Partnerschaft muß jede Frau einige Dinge lernen, die sie schon kann.
Elke Sommer

Party

Wenn Sie über niemanden etwas Nettes sagen können, dann setzen Sie sich neben mich.
Alice Roosevelt Longworth

Eine Party ist eine Zusammenkunft, bei der am Ende die Gäste aufgeräumter sind als die Wohnung.
Senta Berger

Niemand trägt auf einer Party so viel zur Unterhaltung bei wie die, die gar nicht da sind.
Audrey Hepburn

Meistens steht man erst, wenn man gegangen ist, im Mittelpunkt einer Party.
Zsa Zsa Gabor

Penis

Ich frage mich, wie Männer überhaupt ernst bleiben können. Sie haben dieses empfindliche Ding an ihrem Körper hängen, das rauf- und runtergeht, wie es will. Wenn ich ein Mann wäre, würde ich ständig über mich selbst lachen.
YOKO ONO

Nach dem Ficken ist er nutzloser als eine Kunststofftapete in einer Hundehütte.
ERIKA JENNINGER

Der Schöpfer blickt auf Adam und spricht: »Ich habe eine gute und eine schlechte Nachricht für dich, mein Sohn. Die gute ist, daß ich dir ein Hirn und einen Penis gegeben habe.« »Und die schlechte?« fragt Adam. »Du wirst immer nur eines von beiden benutzen können.«
ANONYM

Phantasie

Die Phantasie der Männer reicht bei weitem nicht aus, um die Realität Frau zu begreifen.
ANNA MAGNANI

Die Phantasie des Mannes ist die beste Waffe der Frau.
SOPHIA LOREN

Philosophie

Ich habe eine einfache Philosophie: Mach voll, was leer ist. Mach leer, was voll ist. Kratze dich, wo es juckt.

ALICE ROOSEVELT LONGWORTH

Meine Lebensphilosophie ist: Einatmen – Ausatmen.

DORIS DÖRRIE

Playboy

Auch die schönste Definition ändert nichts an der Tatsache, daß ein Playboy meistens weder das eine noch das andere ist.

ZSA ZSA GABOR

Ein Playboy ist ein Mann, der nie einen Roman, sondern immer nur Kurzgeschichten erlebt.

ERIKA PLUHAR

Ein Playboy ist einer, der mit den Frauen nur spielen möchte und der niemals erwachsen wird.

LIV ULLMAN

Politik

Eines der Dinge, die mich die Politik gelehrt haben, ist, daß Männer keine vernunftbegabten oder vernünftigen Wesen sind.

MARGARET THATCHER

Wenn in der Politik etwas gesagt werden soll,
fragt man einen Mann.
Wenn etwas getan werden soll, fragt man eine Frau.

MARGARET THATCHER

Wenn Frauen die Welt regieren würden und wir alle Massagen bekämen, gäbe es keinen Krieg.

CARRIE SHAW

Wenn über meine politischen Aktivitäten berichtet wird, ist es sehr ärgerlich zu lesen, wie ich aussah, ob ich gelächelt habe oder ob einem bestimmten Reporter meine Frisur gefallen hat.

VIJAYA LAKSHHMI PANDIT

Mir ist gleichgültig, wieviel meine Minister reden – so lange sie tun, was ich sage.

MARGARET THATCHER

Politiker

Jeder Politiker sollte als Waisenkind zur Welt kommen und Junggeselle bleiben.

LADY BIRD JOHNSON

Es gibt eine sichere Methode herauszufinden, wann Politiker nicht die Wahrheit sagen: wenn sich ihre Lippen bewegen.

FELICITY KENDALL

Mir ist ein Präsident lieber, der's mit Frauen treibt, als einer, der's mit seinem Land treibt.

SHIRLEY MACLAINE

Polygamie

Männer sind polygam; deshalb sollte sich die Frau bemühen, auch alle jene Frauen zu sein, die ihr Mann nicht bekommen soll.

VERUSCHKA

Porno

Meine Reaktion auf Pornofilme ist folgende: Nach den ersten zehn Minuten möchte ich am liebsten nach Hause gehen und vögeln. Nach weiteren zehn Minuten will ich nie wieder im Leben vögeln.

ERICA JONG

Potenz

Zur Potenz des Mannes muß man heutzutage die PS-Zahl seines Wagens hinzurechnen.

MARY SAUNDERS

Power

Es gibt Nächte, da habe ich solch eine Power, daß ich etwas Scharfes anziehen und irgendwo reinspazieren möchte. Und wenn sich ein Mann dann nicht nach mir umdreht, liegt's daran, daß er schwul ist.

KATHLEEN TURNER

Predigt

Die meisten Predigten hören sich für mich wie Werbespots an. Aber ich habe noch nicht durchschaut, ob Gott der Sponsor oder das Produkt ist.

MIGNON MCLAUGHLIN

Privatleben

Nicht die historischen Ereignisse sind es, die unser Leben lebenswert machen, sondern die privaten.

MICHÈLE MORGAN

Probe

Man darf einen Mann überallhin stellen, bloß nicht auf die Probe.

HELEN VITA

Prominenz

Prominent ist man, wenn man erst aus den Klatschspalten erfährt, was man in nächster Zeit vorhat.

ANNA MOFFO

Ein Prominenter ist ein Mann, der es sich nicht leisten kann, sich nichts zu leisten.

LISELOTTE PULVER

Prostitution

Um die Prostitution abzuschaffen, müßte man die Männer abschaffen.

KAISERIN MARIA THERESIA

Es ist dumm, eine Prostituierte zu fragen, warum sie es tut – es sind die höchstbezahlten aller berufstätigen Frauen.

GAIL SHEEHY

Ich war schon drei Monate lang eine Prostituierte, bevor ich es gemerkt habe. Der Job hat mir soviel Spaß gemacht, daß ich mir gar nicht vorstellen konnte, daß es Prostitution war.

ANNIE SPRINKLE

Psychoanalyse

Zum Glück ist die Psychoanalyse nicht die einzige Möglichkeit, innere Konflikte zu lösen. Das Leben ist immer noch ein sehr effektiver Therapeut.

KAREN HORNEY

Pünktlichkeit

Wenn eine Frau pünktlich ist,
hat sie sich in der Zeit geirrt.

ILONA BODDEN

R

Rache

Jeder Mann rächt sich an der einen, die ihn liebt, für alle, die ihn verschmähten.

MARIA HERBERG

Rat

Eine Frau, die so klug ist, den Rat eines Mannes einzuholen, wird bestimmt nicht so dumm sein, ihn auch zu befolgen.

ELSA MAXWELL

Der beste Rat, den ich allen jungen Frauen gebe, ist: Vögelt nicht herum und raucht nicht.

EDWINA CURRIE

Wenn Sie wollen, daß etwas gut gemacht wird, lassen Sie es von ein paar gestandenen Weibsbildern erledigen.

BETTE DAVIS

Die Leute haben mir tausend Ratschläge gegeben, was ich als First Lady alles tun müßte. Und ich habe nicht einen davon befolgt.

JACQUELINE KENNEDY ONASSIS

Reaktionär

In seinen persönlichen Lebensumständen
ist der Mann der geborene Reaktionär,
den jede Veränderung erschreckt,
sogar eine neue Zahnbürste.

MIRANDA CORTI

Realität

Was wir Realität nennen, ist eine Abmachung, die
die Menschen getroffen haben, um das Leben
lebenswerter zu machen.

LOUISE NEVELSON

Recht

Das älteste aller Frauenrechte ist das Recht,
sich zurückgesetzt zu fühlen.

SUSANNE VON PACZENSKY

Den Männern ihre Rechte, und nicht mehr.
Den Frauen ihre Rechte, und nicht weniger.

SUSAN B. ANTHONY

Wenn du weißt, daß du im Recht bist, ist es dir
egal, was die anderen denken. Du weißt, daß
früher oder später alles rauskommen wird.

BARBARA MCCLINTOCK

Wenn Frauen mehr Rechte wollen, warum nehmen sie sie sich nicht einfach, statt ständig nur darüber zu reden?

SOJOURNER TRUTH

Recht behalten

Die Männer haben oft recht, aber die Frauen behalten recht – das ist viel wichtiger.

JEANNE MOREAU

Reden

Das Gegenteil von Reden ist nicht etwa Zuhören. Das Gegenteil von Reden ist Warten.

FRAN LEBOWITZ

Als mein Mann noch lebte, durfte ich nicht reden. Seit er tot ist, schafft es keiner mehr, mich zum Schweigen zu bringen.

HEDDA HOPPER

Reichtum

Die Reichen haben eine ebenso lebhafte wie unbegreifliche Leidenschaft für Sonderangebote.

FRANÇOISE SAGAN

Reißaus

Wenn du einen Mann nie mehr wiedersehen willst, sage: Ich liebe dich. Ich möchte dich heiraten. Ich möchte Kinder haben. – Dann nehmen sie mit quietschenden Reifen Reißaus.

RITA RUDNER

Religion

Falls ich je einer Religion beitreten sollte, würde ich wahrscheinlich den Katholizismus wählen. Da gibt's wenigstens weibliche Heilige und die Jungfrau Maria.

MARGARET ATWOOD

Rendezvous

Eine Frau, die pünktlich zum Rendezvous kommt, ist auch sonst nicht sehr zuverlässig.

JULIETTE GRÉCO

Reue

Reue ist eine nachträglich entrichtete Vergnügungssteuer.

SENTA BERGER

Revolutionär

Es ist bekannt, daß der radikalste Revolutionär am Tag nach der Revolution ein Konservativer wird.

HANNAH ARENDT

Rivalin

Eine Frau ist verloren, wenn sie Angst vor ihrer Rivalin hat.

MADAME DUBARRY

Rockmusik

In der Rockmusik geht's nur um Schwänze und Testosteron. Ich höre mir eine Band an, ich will mit den Typen vögeln – so ist es doch. Ist schon immer so gewesen.

COURTNEY LOVE

Rolle

Es spielt für mich keine Rolle, daß ich eine Frau bin. Ich betrachte mich selbst als Premierminister.

MARGARET THATCHER

Romantik

Ein romantischer Mann fühlt sich mit zwei Frauen oft besser als mit einer; seine Liebe scheint irgendwo zwischen den beiden das ideale Maß zu erreichen.

ELIZABETH BOWEN

Romantik ohne Geld ist ein Ärgernis.

SALLY STANFORD

Rote Haare

Mein Mann sagt, er wünsche sich eine Beziehung mit einer Rothaarigen. Also färbte ich mir die Haare rot.

JANE FONDA

Ruf

Erst wenn man seinen guten Ruf verloren hat, merkt man, was für eine Bürde er war und was Freiheit wirklich bedeutet.

MARGARET MITCHELL

So unterschiedlich wie die Frauen selbst sind, ist auch ihr Ruf.

SALLY STANFORD

Ich bin das Mädchen, das seinen guten Ruf verloren und nie vermißt hat.

MAE WEST

Ruhm

Zur Kehrseite des Ruhms gehören vor allem die Interviewer mit ihren indiskreten Fragen.

MICHELLE PFEIFFER

S

Samen

Die Aufgabe der Männer ist es, Samen zu produzieren. Und jetzt gibt es Samenbanken.

VALERIE SOLANIS

Schauspieler

Der Haken in der Ehe mit einem Schauspieler ist, daß er dich zärtlich in die Arme nimmt und dir dann erzählt, was für ein Prachtkerl er ist.

SHELLEY WINTERS

Sie beherrschen die ganze Skala der Gefühle. Von A bis B.

DOROTHY PARKER

Shakespeare ist für Schauspieler wirklich anstrengend. Man erhält nie die Gelegenheit, sich zu setzen – es sei denn, man ist der König.

JOSEPHINE HALL

In Hollywood werden Filme gemacht, die länger dauern als manche Schauspielerehe.

BARBRA STREISAND

Schauspielerin

Jede Schauspielerin empfindet eine natürliche Animosität gegenüber allen anderen Schauspielerinnen – ob anwesend oder nicht, ob tot oder lebendig.

LOUISE BROOKS

Bei der Schauspielerei ist es wichtig, daß man lachen und weinen kann. Wenn ich weinen soll, denke ich an mein Sexleben. Wenn ich lachen soll, denke ich an mein Sexleben.

GLENDA JACKSON

Es war mir von Anfang an bestimmt, Schauspielerin zu werden. Als ich auf die Welt kam, brauchten die Ärzte mir keinen Klaps zu geben, um mich in Gang zu bringen. Es war wie: »Danke, danke! Hier bin ich!" Die Party konnte beginnen.

WHOOPI GOLDBERG

Scheidung

In unserer Familie lassen wir uns nicht von den Männern scheiden – wir begraben sie.

RUTH GORDON

Sich scheiden zu lassen, nur weil man einen Mann nicht liebt, ist beinahe genauso dumm wie zu heiraten, weil man es tut.

ZSA ZSA GABOR

Was mich an einer Scheidung am meisten schreckt, ist, daß meine Kinder mich in ein Heim für unverheiratete Mütter stecken könnten.

TERESA SKELTON

Ich habe nichts gegen die Scheidung. Das muß jeder mit sich selbst abmachen. Mit einem neuen Partner ändert sich jedoch nur wenig, also bleibt man lieber gleich beim alten.

GIULETTA MASINA

Einen Mann lernt man erst richtig kennen, wenn man sich von ihm scheiden läßt.

ZSA ZSA GABOR

Eine Heirat geht ja furchtbar schnell, aber die Scheidung ist immer so zeitraubend.

BRIGITTE BARDOT

Scheitern

Viele Eroberungen scheitern mehr an der Ungeschicklichkeit der Männer als an der Tugend der Frauen.

NINON DE LENCLOS

Schicksal

Ich kann nicht begreifen, daß eine Frau das Haus verlassen kann, ohne sich hübsch gemacht zu haben. Sie könnte gerade an diesem Tag ihrem Schicksal begegnen.

COCO CHANEL

Das Schicksal von Frauen ist, getötet oder geheiratet zu werden.

ADELE M. FIELDE

Das Schicksal kommt in Schuhgröße 41 bis 45 und tritt alles platt.

MARIA SCHELL

Schlaf

Kein Tag kann so schlimm verlaufen, daß nicht mit einem Nickerchen alles wieder in Ordnung zu bringen wäre.

CARRIE SNOW

Sieh zu, daß du genug Schlaf bekommst und genug Sex. Wenn du von beiden nicht genug bekommst, wird man dir das bald am Gesicht ansehen.

KIM HUME

Wenn ich nicht schlafen kann, zähle ich nicht Schäfchen, sondern meine Liebhaber. Und wenn ich bei 38 oder 39 bin, bin ich eingeschlafen.

GLORIA SWANSON

Was erwartet ihr von mir? Daß ich allein schlafe?
ELIZABETH TAYLOR

Das beste Mittel gegen Schlaflosigkeit ist, ein Opernlibretto zu lesen. Das langweilt einen zu Tode.
MARILYN HORNE

Schlafzimmer

Meine Mutter meinte, es sei ganz einfach, einen Mann zu halten: Du mußt im Wohnzimmer Zimmermädchen sein, Köchin in der Küche und eine Hure im Schlafzimmer. Ich habe ihr geantwortet, ich würde für die ersten beiden Jobs jemanden einstellen und mich nur um die Sache mit dem Schlafzimmer kümmern.
JERRY HALL

Schlagfertigkeit

In der Ehe sind schlagfertige Antworten eine todsichere Rettung – vor allem dann, wenn man darauf verzichtet.
SONJA ZIEMANN

Schlankheit

Der beste Ansporn für das Schlankbleiben ist das Photo einer dick gewordenen Rivalin.
DEBBIE REYNOLDS

Schluß

Der Mann weiß nicht, wie er Schluß machen soll.
Die Frau weiß nicht, wann sie Schluß machen soll.
HELEN ROWLAND

Schlußverkauf

Ein Schlußverkauf ist ein Damenringkampf, bei dem man sein Kleid ruiniert, um ein anderes zu erringen.
LAURA MINDT

Schönheit

Wenn zwei schöne Frauen nebeneinander sitzen, zieht es.
MARLENE DIETRICH

Es ist gut, daß Schönheit nur oberflächlich ist, sonst wäre ich durch und durch abscheulich.
PHYLLIS DILLER

Das Schönste an männlichen Männern ist etwas Feminines. Das Schönste an weiblichen Frauen ist etwas Männliches.
SUSAN SONTAG

Die Männer beteuern immer, sie lieben die innere Schönheit der Frau. Komischerweise gucken sie aber ganz woanders hin.
MARLENE DIETRICH

Jede Frau kann so schön sein wie vor zehn Jahren, nur dauert es ein bißchen länger.

Olga Tschechowa

Schönheit ohne Grazie ist wie ein Angelhaken ohne Wurm.

Ninon de Lenclos

Ich bin diesen Unsinn leid, daß Schönheit nur äußerer Schein ist. Ein schöner Schein reicht doch! Was wollen Sie? Einen anbetungswürdigen Pankreas?

Jean Kerr

Was schön ist, ist gut. Und wer gut ist, wird bald schön sein.

Sappho

Es gibt ein Alter, in dem eine Frau schön sein muß, um geliebt zu werden. Und dann kommt das Alter, in dem sie geliebt werden muß, um schön zu sein.

Françoise Sagan

Die Schönheit brauchen wie Frauen, damit die Männer uns lieben, die Dummheit, damit wir die Männer lieben.

Coco Chanel

Gesichter können lügen, Hintern nicht.

Yoko Ono

Schreiben

Die beste Gelegenheit, ein neues Buch zu konzipieren, ist beim Abwasch.
AGATHA CHRISTIE

Schriftsteller

Schriftsteller sollten gelesen werden, aber man sollte sie weder sehen noch hören.
DAPHNE DU MAURIER

Schwangerschaft

Wäre die Schwangerschaft ein Buch, würde man mindestens die letzten zwei Kapitel streichen.
NORA EPHRON

Wonach sich Frauen in der Schwangerschaft am meisten sehnen, ist, nicht schwanger zu sein.
PHYLLIS DILLER

Tod, Steuern und Schwangerschaft. Dafür gibt es nie einen günstigen Zeitpunkt.
MARGARET MITCHELL

Die Schwangerschaft ist die lausige Vorbereitung auf die Mutterschaft.
LIBBY PURVES

Wenn Männer schwanger werden könnten, wäre die Abtreibung ein Sakrament.
FLORYNCE R. KENNEDY

Schwanz

Wenn ich nur einen Tag lang einen Schwanz hätte, würde ich mich selbst schwängern.
GERMAINE GREER

Jeder Mann hat einen Freund – seinen Schwanz. Ein Mann nimmt seinen Freund überall mit hin. Von den beiden ist der Freund der nettere, weil er seine Gefühle besser zeigen kann.
BERYL BAINBRIDGE

Kein Schwanz ist so hart wie das Leben.
LUISE FRANCIA

Schweinefleisch

Ich wurde hauptsächlich mit Schweinefleisch großgezogen. Und glaubt mir, ich bin gesund.
TINA TURNER

Schwule

Schwule sind die besten Freunde, weil sie dich als Frau achten und nicht eifersüchtig sind. Sie lieben dich, versuchen aber nicht, dich bis zum geht nicht mehr zu vögeln.

BIANCA JAGGER

Sechzig

Jetzt, da ich über sechzig bin,
werde ich langsam anständig.

SHELLEY WINTERS

Seitensprung

Ich verstehe nicht, warum sich die Männer über einen Seitensprung ihrer Frau aufregen. Sie sollten doch stolz darauf sein, daß ihre Frau auch noch anderen Männern gefällt.

MAUD BRINKLEY

Der Ausdruck Seitensprung stimmt nicht. Meist ist es nur ein kleiner Schritt zur Seite, eventuell ein Trippeln.

TRUDE HESTERBERG

Selbstgespräch

Ich rede mit mir selber, weil ich lieber
mit besseren Menschen zusammenbin.

JACKIE MASON

Selbstmord

Ich wollte mich umbringen und steckte den Kopf
in den Gasherd, aber es war kein Kuchen drin.

LESLIE BOONE

Selbstsucht

Selbstsucht muß man immer verzeihen, denn es ist
ein Leiden, für das es keine Heilung gibt.

JANE AUSTEN

Ich stehe uneingeschränkt und ohne jegliche
Skrupel zu meiner Egomanie, meiner Selbstsucht,
gepaart mit einer wirklich großartigen Stimme.

LEONTYNE PRICE

Sex

Was ist Sex doch für eine primitive Angelegenheit.
Wenn eine Frau nur auf Sex zielt, braucht sie sich
nur einen Sack überzustülpen und drei Löcher
hineinzuschneiden; man weiß schon wo.

COCO CHANEL

Sex ist die Kunst, Erwartungen zu wecken,
die gar nicht geschlafen haben.
SENTA BERGER

Ich weiß leider gar nichts über Sex,
weil ich immer verheiratet war.
ZSA ZSA GABOR

Wenn Sex die natürlichste Sache der Welt ist,
warum gibt es dann so viele Ratgeber darüber?
BETTE MIDLER

Sex ist per definitionem etwas, das man mit
jemand anderem als dem Ehemann hat.
ERICA JONG

Sex in der Ehe ist wie Kaffeetrinken –
ohne schläft man nur schneller ein.
LINDA DE MOL

Sex in längerer Verbindung ist die Kunst, Reprisen
immer wieder wie Premieren erscheinen zu lassen.
JEANNE MOREAU

Das waren noch Zeiten, als die Luft rein war
und der Sex schmutzig.
CONNY KÖNIG

Der Liebesakt ist für den Mann nicht mehr als
Masturbation in der Vagina der Frau.
GERMAINE GREER

Sex ohne Eros ist ein Kontakt zweier Hautbesitzer.
MARGUERITE DURAS

Wenn Männer aufs Ganze gehen, meinen sie meistens die untere Hälfte.
HELEN VITA

Sex ist Zuneigung im Klartext.
HELGA ANDERS

Der einzige Grund, warum ich mit dem Joggen anfangen würde, ist, um mich mal wieder keuchen zu hören.
ERMA BOMBECK

Beim Sex herrscht Damenwahl, obwohl die Männer vom Gegenteil überzeugt sind.
UTA LEVKA

Ich habe nur mit Männern geschlafen, mit denen ich verheiratet war. Wie viele Frauen können das von sich behaupten?
ELIZABETH TAYLOR

Sex ist in Bewegung umgesetztes Gefühl.
MAE WEST

Sex ist eine Art Turnen mit innerer Anteilnahme.
BRIGITTE BARDOT

Wenn ich gut bin, bin ich sehr gut, aber wenn ich schlecht bin, bin ich besser.
MAE WEST

Ich wünschte, ich hätte so viele Männer im Bett gehabt, wie die Zeitungen schreiben.

LINDA RONSTADT

Sex ist anders als Business. Man darf nicht alles, was man hat, sofort ins Schaufenster stellen.

RAQUEL WELSH

Frauen beklagen sich häufiger über Sex als Männer. Ihre Beschwerden können in zwei Kategorien eingeteilt werden: (1) nicht genug; (2) zuviel.

ANN LANDERS

Ich mag den Mann, der sich Zeit läßt.

MAE WEST

Auch wenn Sie nur zwei Sekunden Zeit haben, lassen Sie alles stehen und liegen und blasen Sie ihm einen. Dann wird er keine Lust auf Sex mit einer anderen haben.

JERRY HALL

Man sollte nicht versuchen, mit Sex das zu erreichen, was nur die Liebe vermag, oder mit Liebe das, was nur der Sex schafft.

MARY MCCARTHY

Ein gesundes Liebesleben ist für die Stimme einer Frau das Beste auf der Welt.

LEONTYNE PRICE

Man kann Sex als alles mögliche bezeichnen, nur nicht als würdevolle Veranstaltung.

HELEN LAWRENSON

Sex ist die Tabasco-Sauce, die ein pubertärer Gaumen auf jeden Gang des Menüs spitzt.

MARY DAY WINN

In Amerika ist Sex eine Obsession, in anderen Teilen der Welt eine Tatsache.

MARLENE DIETRICH

Irgendwas stimmt da doch nicht: Sex gehört zur Menschheit, seit sie existiert, und trotzdem leiden schätzungsweise neunzig Prozent der Menschen noch immer unter beträchtlichen Hemmungen auf diesem Gebiet.

XAVIERA HOLLANDER

Mein Schatz, Sex hört erst auf, wenn du im Grab liegst.

LENA HORNE

Sex-Appeal

Sex-Appeal ist das, was Männer nur mit den Händen beschreiben können.

USCHI GLAS

Sex-Appeal ist zu fünfzig Prozent das, was eine Frau hat, und zu fünfzig Prozent das, wovon die Leute glauben, daß sie es hat.

SOPHIA LOREN

Sex ist nicht eine Sache der Kurven, sondern der Ausstrahlung. Männer wittern den Sex-Appeal auch dann, wenn er in einen Sack eingenäht ist.
ELGA ANDERSEN

Sex-Appeal ist die Kunst, einem Mann das Feuer zu geben, das er schon hat.
CHRISTINE SCHUBERTH

Der Sex-Appeal des Mannes besteht aus Macht, Geld und einem herben Parfüm – in dieser Reihenfolge.
VIVIEN MELLISH

Sex-Symbol

Ich habe nie wirklich begriffen, was es mit diesem Sex-Symbol-Gerede auf sich hat. Aber wenn ich schon Symbol für irgendwas sein soll, dann lieber für Sex als für etwas anderes.
MARILYN MONROE

Ein Sexsymbol zu sein, kam dem Dasein eines Sträflings gleich.
RAQUEL WELCH

Sicherheit

Ein Schiff im Hafen ist sicher, aber dafür wurden Schiffe nicht gebaut.
BENAZIR BHUTTO

Siebenunddreißig

Ich war siebenunddreißig, zu alt für eine Karriere
bei der Zeitung, zu jung für die Rente
und zu müde für eine Affäre.

ERMA BOMBECK

Sitzenlassen

Der einzige Ort, an dem die Männer eine Frau
bestimmt nicht sitzen lassen, sind die Sitzplätze
in den öffentlichen Verkehrsmitteln.

SHIRLEY MACLAINE

Sklavin

Solange Frauen Sklavinnen sind,
werden die Männer Schurken sein.

ELIZABETH CADY STANTON

Sohn

Eine Frau braucht zwanzig Jahre,
um aus ihrem Sohn einen Mann zu machen –
und eine andere macht in nur zwanzig Minuten
einen Dummkopf aus ihm.

HELEN ROWLAND

Später

Frauen würden sich leichter damit abfinden, daß ihr Mann später nach Hause kommt, wenn sie sich wirklich darauf verlassen könnten, daß er nicht früher da ist.

COLETTE

Spiegel

Eine eitle Frau braucht einen Spiegel. Ein eitler Mann ist sein eigener Spiegel.

FRANÇOISE SAGAN

Spitzenposition

Wenn Frauen sich in Spitzenpositionen hochschlafen können, wieso sind sie dann nicht dort? Es muß wohl eine Schlaflosigkeits-Epidemie herrschen...

ELLEN GOODMANN

Sport

Ich wollte raus aus dem Haus. Darum habe ich mich dem Sport zugewandt. Das war die einzige Möglichkeit, nach siebzehn Uhr noch draußen zu bleiben.

WILLIE B. WHITE

Sprechen

Frauen sprechen lieber als Männer. Trotzdem sind sie die schlechteren Redner, weil sie keinen Sinn für Demagogie haben.

EDITH SITWELL

Wenn du über dich selbst sprichst, wird er denken, du seist langweilig. Wenn du über andere sprichst, wird er dich für eine Tratschtante halten. Wenn du über ihn sprichst, wird er denken, du seist eine geistreiche Gesprächspartnerin.

LINDA SUNSHINE

Star

Wenn man im Mittelpunkt eines Festes stehen will, darf man nicht hingehen.

SHARON STONE

Starlet

Ein Starlet ist ein hübsches Mädchen, das vielleicht eines Tages ein Star wird, ohne jemals eine Schauspielerin gewesen zu sein.

VIVIEN LEIGH

Stellungen

Ich habe beim Sex verschiedene Stellungen ausprobiert. Bei der normalen kriege ich Platzangst. Und bei den anderen einen steifen Nacken oder Wundstarrkrampf.

TALLULAH BANKHEAD

Sterben

Es ist besser, aufrecht zu sterben, als auf Knien zu leben.

DOLORES IBARRURI

Meine Zähne sind in Ordnung, und wenn ich genug zu essen bekomme, wüßte ich nicht, warum ich sterben sollte. Ich sehe keinen Sinn im Sterben. Tot ist man doch zu nichts mehr nutze.

SILVIA DUBOIS

Steuern

Nur die kleinen Leute zahlen Steuern.

LEONA HELMSLEY

Regierungen nehmen Steuern wie Imker den Honig und teilen ihren Völkern Zuckerwasser zu.

MARGRET GENTH

Stimme

Ich glaube, ich gehöre zu den wenigen, die unserem Land eine eigene Stimme verleihen.

GEORGIA O'KEEFE

Stolz

Eine Frau macht es stolz, die Ursache einer Dummheit zu sein, zu der ein Mann sich hinreißen läßt.

COLETTE

Strohwitwer

Strohwitwer sind jederzeit entflammbar, das ist ganz einfach materialbedingt.

HELEN VITA

Straße

Mitten auf der Straße zu stehen, ist sehr gefährlich. Man wird von zwei Seiten umgefahren.

MARGARET THATCHER

Streiten

Es hat keinen Sinn, mit Männern zu streiten; sie haben ja doch immer unrecht.

ZSA ZSA GABOR

Striptease

Striptease ist die einzige Branche, in der man mit Antiquitäten nicht die geringste Chance hat.

HELGA ANDERS

Sünde

Mit der Zeit bereut man alle Sünden, die man begangen hat, und dazu einige, die man nicht begangen hat.

ELIZABETH TAYLOR

Es gibt läßliche Sünden, und es gibt unerläßliche.

TRUDE HESTERBERG

Männer bleiben vom Sündigen verschont, weil sie sich dabei so ungeschickt anstellen.

MIGNON MCLAUGHLIN

Veränderung ist die einzige Konstante. Stillstand ist die einzige Sünde.

DENISE MCCLUGGAGE

Wenn du erstmal so alt bist wie ich, wirst du wissen, daß es auf der Welt nur eine Sache gibt, für die zu leben sich lohnt, und das ist die Sünde.

LADY SPERANZA WILDE

Sympathie

Ich verlange von Leuten nicht, das sie mir angenehm sind, weil es mich vor dem Problem bewahrt, sie zu mögen.

JANE AUSTEN

T

Täuschen

Eine Frau kann jederzeit hundert Männer
täuschen, aber nicht eine einzige Frau.
MICHÈLE MORGAN

Tagebuch

Ich sage immer: Führ ein Tagebuch
und eines Tages wird es dich führen.
MAE WEST

Tagung

Erst die Männer sind auf die Idee gekommen, ihre nächtlichen Unternehmungen Tagungen zu nennen.
HELEN VITA

Talent

Mit dem Talent ist's wie mit der Elektrizität.
Wir verstehen Elektrizität nicht. Wir nutzen sie.
MAYA ANGELOU

Tanzen

Kluge Männer sollten niemals tanzen, denn dabei haben die Mädchen Gelegenheit, wieder nüchtern zu werden.

LIL DAGOVER

Tat

Keine gute Tat bleibt ungestraft.

CLARE BOOTH LUCE

Tatsache

Sieh nur den Tatsachen ins Gesicht. Wenn du es tust, kannst du morgens überhaupt nicht mehr aufstehen.

MARLO THOMAS

Tausch

Wer einen guten Freund heiratet, verliert ihn, um dafür einen schlechten Ehemann einzutauschen.

FRANÇOISE SAGAN

Teenager

Die Halbwüchsigen von heute, heißt es, wissen alles über Sex, das Geld hingegen kommt ihrer Meinung nach vom lieben Gott.
So ändern sich die Tabus.

KATHARINE WHITEHORN

Telefonieren

Telefonieren ist eine gute Möglichkeit,
mit Leuten zu reden,
ohne ihnen einen Drink anbieten zu müssen.

FRAN LEBOWITZ

Teufel

Was ich jetzt besitze, habe ich, weil ich schrecklichen Menschen immer rechtzeitig gesagt habe, sie sollten sich zum Teufel scheren.

LESLIE CARON

Tiefgang

Wenn Frauen unergründlich erscheinen, liegt es meist an dem geringen Tiefgang der Männer.

KATHARINE HEPBURN

Tod

Errol Flynn starb in einem siebzig Fuß langen Boot, im Beisein eines siebzehnjährigen Mädchens. Walter hat sich immer gewünscht, so dahinzuscheiden. Aber er wird sich mit einem siebzehn Fuß langen Boot und einer Siebzigjährigen zufriedengeben müssen.

BETSY CRONKITE

Ich habe einen Horror vor dem Tod. Die Toten sind so schnell vergessen. Aber nach meinem Tod muß man sich einfach an mich erinnern.

EMILY DICKINSON

Wir trafen Dr. Hall in einem Zustand solch tiefer Trauer an, daß entweder seine Mutter, seine Frau oder er selbst tot sein mußte.

JANE AUSTEN

Tod, Steuern und Geburt – nichts davon kommt je zum richtigen Zeitpunkt.

MARGARET MITCHELL

Töten

Es ist so natürlich, zu töten. Warum müssen Männer darin noch ausgebildet werden?

JOAN BAEZ

Toleranz

Toleranz lernt man am besten in der Ehe.
Unverheiratete Politiker haben davon keine Ahnung.

MARGARET THATCHER

Tragödie

Komödien sind für Frauen schwierig,
weil die Frau von Natur aus eher zur Tragödie neigt.

CATHÉRINE DENEUVE

Traum

Es ist der Traum jeder Frau, der Traum eines Mannes zu sein.

BARBRA STREISAND

Traummann

Es ist besser, dem Traummann im Traum zu begegnen als in der Wirklichkeit. Aus dem Traum kann man immerhin aufwachen.

JEANNE MOREAU

Treiben

Es ist ganz egal, was Sie im Schlafzimmer treiben,
solange Sie es nicht auf der Straße tun
und die Pferde erschrecken.

MRS. PATRICK CAMPBELL

Treue

Treue ist Feigheit vor dem Leben.

EVA ZELLER

Für die partnerschaftliche Beziehung gibt es einen einfachen Test: Wenn einem die Treue Spaß macht, dann ist es Liebe.

JULIE ANDREWS

Treue kann man nicht verlangen.
Treue ist ein Geschenk.

LILLI PALMER

Unter Treue verstehen die meisten Männer den Zeitraum zwischen zwei Seitensprüngen.

SYDNE ROME

Fast jede Frau wäre gerne treu. Schwierig ist es bloß, einen Mann zu finden, dem man treu sein kann.

MARLENE DIETRICH

Trinken

Einer der Gründe, warum ich nicht trinke, ist,
daß ich dabeisein möchte, wenn ich mich amüsiere.
NANCY LADY ASTOR

Tugend

Es ist oft schwieriger, seine Tugenden einzugestehen
als seine Untugenden zu verbergen.
JACQUELINE BISSET

Die weibliche Tugend ist die größte
Erfindung der Männer.
CORNELIA O. SKINNER

Die meisten guten Frauen sind verborgene Schätze,
die nur deshalb sicher sind, weil niemand
nach ihnen sucht.
DOROTHY PARKER

Die Tugend wäre eine ziemlich einfache Sache,
wenn man sie nicht dauernd üben müßte.
SHARON STONE

So mancher meint ein gutes Herz zu haben
und hat nur schwache Nerven.
MARIE VON EBNER-ESCHENBACH

Tun

Wenn du willst, daß etwas gesagt wird, frage einen Mann. Wenn du willst, daß etwas getan wird, frage eine Frau.

MARGARET THATCHER

Wenn ich gesehen habe, daß etwas getan werden muß, habe ich es getan.

NELLIE CASHMAN

Turnen

Beim Turnen trage ich nur Schwarz und Diamanten.

DONATELLA VERSACE

U

Überraschung

Ich würde eher eine böse Überraschung riskieren,
als mich nur immer auf das zu verlassen,
was ich kann.
HELEN FRANKENTHALER

Überzeugung

Männer kann man überreden,
Frauen muß man überzeugen.
BARBRA STREISAND

Die schwerste Aufgabe im Leben einer Frau
ist es, den Mann davon zu überzeugen,
daß er es ernst meint.
HELEN ROWLAND

Unabhängigkeit

Ich war immer unabhängig. Und ich glaube nicht, daß diese Tatsache im Widerspruch zur Weiblichkeit steht.

SYLVIE PORTER

Ungerechtigkeit

Die Männer sind ungerecht: Sie sehen immer nur den Baum, gegen den eine Frau gefahren ist – aber die vielen Bäume, die sie nicht einmal gestreift hat, die sehen sie nicht.

LISA GASTONI

Unmoral

Wenn ich mich zwischen zwei Schlechtigkeiten entscheiden muß, dann begehe ich die, die ich vorher noch nie ausprobiert habe.

MAE WEST

Unschuld

Es gibt Frauen, die von Jahr zu Jahr unschuldiger werden.

GRETA GARBO

Unsterblichkeit

Viele Menschen sehnen sich nach Unsterblichkeit.
Dabei wissen sie nicht einmal, was sie an einem
verregneten Sonntagnachmittag mit
sich anfangen sollen.

SUSAN ERTZ

Unterdrückung

Jegliche Unterdrückung schafft eine
Art Kriegszustand.

SIMONE DE BEAUVOIR

Unterhaltung

Eine Klatschbase erzählt Ihnen von anderen,
ein Langweiler spricht nur über sich selbst,
und ein brillanter Unterhalter redet
mit Ihnen über Sie.

LISA KIRK

Unterschied

Es besteht ein großer Unterschied zwischen einem
wilden und einem zivilisierten Mann, aber bis
nach dem Frühstück fällt einer Frau das nicht auf.

HELEN ROWLAND

Männer sind im allgemeinen gesetzestreuer als Frauen. Frauen haben das Gefühl, da die Gesetze ja nicht von ihnen stammen, daß sie sie nicht unbedingt befolgen müssen.

DIANE JOHNSON

Abgesehen von den Geschlechtsorganen, den sekundären Geschlechtsmerkmalen und den Eigenheiten des Orgasmus gibt es keine wirklichen Unterschiede zwischen Mann und Frau.

KATE MILLETT

Wie lächerlich gering ist der Unterschied zwischen Mann und Frau: Von achtundvierzig Chromosomen unterscheidet sich nur eines.

GERMAINE GREER

Untreue

Ehemänner sind vor allem dann gute Liebhaber, wenn sie ihre Frauen betrügen.

MARILYN MONROE

Unvernunft

Kein Mann ist imstande, die weibliche Vernunft zu begreifen. Deshalb gilt sie als Unvernunft.

ELEONORA DUSE

Unwiderstehlich

Wenn ein Mann sich für unwiderstehlich hält,
liegt es oft daran, daß er nur dort verkehrt,
wo kein Widerstand zu erwarten ist.

FRANÇOISE SAGAN

V

Vagina

Wenn Sie eine Vagina haben und eine eigene Meinung, dann ist das eine tödliche Kombination.

SHARON STONE

Vater

Kein Mensch ist für seinen Vater verantwortlich. Das ist einzig und allein Sache der Mutter.

MARGARET TURNBULL

Verabredung

Wenn ein Mann zu einer Verabredung geht, überlegt er sich, ob er wohl glücklich werden wird. Eine Frau weiß es bereits vorher.

FREDERIKE RYDER

Verdacht

Wenn ein verheirateter Mann, der sich in Modefragen bisher von seiner Frau beraten ließ, seine Sachen plötzlich selbst kauft, ist das äußerst verdächtig.

VIVIEN LEIGH

Verdienst

Ich habe mein Geld verdient –
bis ich meine Unterhosen auszog.

SALLY RAND

Verehrung

Verehrung ist tiefgekühlte Liebe.

FRANÇOISE SAGAN

Verführer

Wenn alle Frauenverführer wüßten, wie oft sie selbst die Verführten sind, wären sie sehr kleinlaut.

JEANNE MOREAU

Es ist oft schwierig, Verführung von Vergewaltigung zu unterscheiden. Bei der Verführung macht sich der Vergewaltiger die Mühe, vorher eine Flasche Wein zu kaufen.

ANDREA DWORKIN

Vergessen

Es ist viel besser, zu vergessen und zu lächeln,
als sich zu erinnern und traurig zu sein.

CHRISTINA ROSSETTI

Vergewaltigung

Männer sind nichts weiter als Vergewaltiger. Sie vergewaltigen uns mit ihren Augen, ihren Gesetzen und ihrem Ehrenkodex.

MARILYN FRENCH

Vergnügen

Das zweitgrößte Vergnügen nach der Liebe ist: davon zu sprechen.

LOUISE LABÉ

Neun von zehn Frauen hätten lieber einen Mann, der ihnen in einem Nachtclub heimlich unterm Tisch ans Knie faßt, als einen rauhbeinigen Kerl, der ihnen samstags im Fußballstadion kameradschaftlich auf den Rücken klopft.

MARJORIE PROOPS

Vergrößerung

Jahrhundertelang waren Frauen ein Vergrößerungsspiegel, der es den Männern ermöglichte, sich selbst in doppelter Lebensgröße zu sehen.

VIRGINIA WOOLF

Verheiratet

Glüclich verheiratet kann man nur dann sein,
wenn man getrennt voneinander lebt.
SHIRLEY MACLAINE

Verhütung

Wir wollen weitaus bessere Gründe dafür,
Kinder zu kriegen, als daß man nicht weiß,
wie man es verhindert.
DORA RUSSELL

Verliebtsein

Um sich zu verlieben, muß man gerade anfällig
dafür sein – wie bei einer Krankheit.
NANCY MITFORD

Man braucht jemanden, der einen liebt,
derweil man nach jemandem Ausschau hält,
in den man sich verlieben kann.
SHELAG DELANEY

Wenn Sie über zwei Jahre verliebt sein können,
sind Sie abhängig.
FRAN LEBOWITZ

Ich könnte ihm im Unterhemd
um die ganze Welt folgen.
MARIA STUART

Liebe ist eine explodierende Zigarre, die wir bereitwillig rauchen.

LYNDA BARRY

Wenn man verliebt ist, ist jedes Wetter wunderbar.

MARGARET MILLAR

Verliebe Frauen haben die Gabe, Worte zu hören, die gar nicht gesagt worden sind.

ISA MIRANDA

Einem verliebten Mann fehlt etwas, solange er nicht verheiratet ist. Dann ist es mit ihm vorbei.

ZSA ZSA GABOR

Nur eine verliebte Frau bringt es fertig, einen Mann zu durchschauen, ohne ihn anzublicken.

KIM NOVAK

Wenn der Mensch verliebt ist, zeigt er sich so, wie er immer sein sollte.

SIMONE DE BEAUVOIR

Vermögen

Es ist eine allgemein anerkannte Tatsache, daß ein alleinstehender Mann im Besitz eines ansehnlichen Vermögens nichts dringender bedarf als einer Frau.

JANE AUSTEN

Vernunft

Kein Mann ist imstande, die weibliche Vernunft zu begreifen. Deshalb gilt sie als Unvernunft.

ELEONORA DUSE

Ich werde nicht auf die Vernunft hören. Vernunft bezieht sich immer auf das, was andere meinen.

ELIZABETH GASKELL

Verspätung

Wenn er zu spät zum Abendessen kommt, weiß ich, daß er entweder eine Affäre hat oder tot auf der Straße liegt. Ich hoffe immer, daß es die Straße ist.

JESSICA TANDY

Verstand

Männer fürchten sich vor dem Verstand ihrer Frauen – und dann gehen sie hin und beklagen sich, von ihren Frauen nicht verstanden zu werden.

JEANNE MOREAU

Ich habe einen Verstand und eine Gebärmutter. Und ich benutze beides.

PATRICIA SCHROEDER

Wenn Gott aber doch gewollt hat, daß wir mit unseren Bäuchen denken, warum hat er uns dann den Verstand gegeben?

CLARE BOOTH LUCE

Es gibt keinen weiblichen Verstand. Das Gehirn ist kein Geschlechtsorgan. Man spricht ja auch nicht von einer weiblichen Leber.

CHARLOTTE PERKINS GILMAN

Verstehen

Alle Männer tun zuerst, als ob sie uns verstünden. Nichts als Schwindel, denn wir verstehen uns nicht einmal selber.

ESTHER WILLIAMS

Ein Mann fühlt sich erst dann von einer Frau verstanden, wenn sie ihn bewundert.

KIM NOVAK

Ich glaube an den Unterschied zwischen Mann und Frau. Tatsächlich liebe ich diesen Unterschied.

ELIZABETH TAYLOR

Eine Frau braucht nur einen Mann gut zu kennen, um alle Männer zu verstehen, während ein Mann alle Frauen kennen könnte und nicht eine von ihnen verstehen würde.

HELEN ROWLAND

Verstellung

Wenn man sich verstellt, rebelliert
der ganze Körper.

Anais Nin

Versuchung

Frauen warten auf die Versuchung,
Männer gehen ihr entgegen.

Catherine Spaak

Eine Versuchung ist dazu da, daß man ihr nachgibt.

Madonna

Führe mich nicht in Versuchung.
Ich finde den Weg allein.

Rita Mae Brown

Vertrauen

Der höchste Vertrauensbeweis unter Männern: dem Freund den Sportwagen zu leihen. Ob die Frau drinsitzt oder nicht, ist fast schon nebensächlich.

Edna Grace

Verwechslung

Verwechsle nicht die Freude am Gefallen
mit dem Glück der Liebe.

Coco Chanel

Verwöhnung

Es besteht keine Gefahr, zu verwöhnt zu sein,
so lange man seine Wäsche selber bügelt.
MERYL STREEP

Verzeihung

Wenn eine Frau ihrem Mann einmal verziehen hat,
darf sie ihm seine Sünden nicht immer wieder
zum Frühstück aufgewärmt servieren.
MARLENE DIETRICH

Verzweiflung

Wer verzweifelt, ist ein verdammter Narr.
MAE WEST

Vierzig

Man darf die vierziger Jahre nicht wie ein
Verhängnis erwarten. Manche Frauen ziehen sich
Anfang Vierzig schon vom Kriegsschauplatz zurück.
SIMONE SIGNORET

Das Schöne daran, vierzig zu sein, ist, daß man
fünfundzwanzigjährige Männer viel mehr
zu schätzen weiß.
COLLEEN MCCULLOUGH

Vorrecht

Die meisten Männer sind der Meinung, ein Stückchen mehr Fleisch am Körper sei schon ein ausreichender Grund für allerlei Vorrechte.

PATRICIA KING

Vorsicht

Hüte dich vor dem Mann, der die Frauenbewegung lobt;
er ist im Begriff, seinen Job zu kündigen.

ERICA JONG

Hüte dich vor Männern, die weinen. Es stimmt schon, daß Männer, die weinen, empfindsam und empfänglich für Gefühle sind; aber die einzigen Gefühle, auf die sie sensibel reagieren, sind ihre eigenen.

NORA EPHRON

Voyeure

Voyeure sind Männer, die nur noch besichtigen, weil sie nichts mehr beabsichtigen.

HELEN VITA

W

Wählen

Wählen, wählen! Das sagt sich so leicht. Und wenn man nicht weiß, wen man wählen soll?

Erika Pluhar

Wagnis

Ohne Wagnis gibt es keinen Erfolg. Für eine Frau besteht das Wagnis darin, das, was an ihr Frau ist, auch wirklich zu zeigen.

Mistinguett

Du bist, was du wagst.

Xaviera Hollander

Wahl

Wenn eine Frau die Wahl zwischen einem Pelzmantel und einem Geliebten hat, wählt sie den Pelzmantel aus der Hand des Geliebten.

Jeanne Moreau

Wahrheit

Mir ist egal, was über mich geschrieben wird, solange es nicht die Wahrheit ist.

DOROTHY PARKER

Ich weiß nie genau, wieviel von dem, was ich sage, der Wahrheit entspricht.

BETTE MIDLER

Wankelmut

Die Männer tadeln den Wankelmut der Frauen, wenn sie sein Opfer sind. Aber sie finden ihn ganz entzückend, wenn sie sein Nutznießer sind.

BRIGITTE HORNEY

Ware

Die Hähne krähen, aber die Hennen liefern die Ware.

ANN RICHARDS

Warten

Wenn die Mädchen darauf warten wollten, bis die jungen Männer zu einem Entschluß kommen, würde die Menschheit bald aussterben.

BRIGITTE BARDOT

Ein Mädchen kann warten, bis der Richtige kommt.
Aber bis dahin kann sie trotzdem eine wundervolle
Zeit mit all den Falschen haben.
CHER

Alles, was zu besitzen sich lohnt, lohnt auch,
daß man darauf wartet.
MARILYN MONROE

Warten können ist eine große Kunst,
nichts erwarten eine noch größere.
INGRID BERGMAN

Frauen lassen einen Mann nur deshalb warten,
weil sie damit seine Vorfreude vergrößern wollen.
HANNELORE ELSNER

Vor allem muß man die Männer warten lassen.
Die Liebe ist ein großes Wartezimmer,
in dem es vor Ungeduld knistert.
HÉLÈNE WIENER

Weiblich

Es gibt keinen weiblichen Mozart, weil es auch
keinen weiblichen Jack the Ripper gibt.
CAMILLE PAGLIA

Weihnachtsmann

Ich habe schon früh aufgehört, an den Weihnachtsmann zu glauben. Meine Mutter nahm mich in Hollywood in ein Kaufhaus mit, um mir Santa Claus zu zeigen, und er bat mich um ein Autogramm.

SHIRLEY TEMPLE

Weisheit

Niemand hat je zur Weisheit gefunden, ohne sich auch mal zum Narren gemacht zu haben.

ERICA JONG

Western

Männer sehen am liebsten Westernfilme, aber sie haben Angst vor Pferden.

ANONYM

Wetter

Was für ein furchtbar heißes Wetter wir haben! Es versetzt mich in einen beständig uneleganten Zustand.

JANE AUSTEN

Widerstand

Der Widerstand einer Frau ist nicht immer
ein Beweis ihrer Tugend. Oft ist er ein
Beweis ihrer Erfahrung.

NINON DE LENCLOS

Wirklichkeit

Die Wirklichkeit ist etwas, wo man drüber steht.

LIZA MINNELLI

Wissen

Gewöhnliche Frauen wissen mehr
über Männer als schöne.

KATHARINE HEPBURN

Wissen ist Macht, vor allem
das Wissen über andere Leute.

ETHEL WATTS MUMFORD

Witwe

Eines läßt sich nicht bestreiten: Witwen leben
länger als ihre Männer.

INGRID STEEGER

Wohlbefinden

Für das Wohlbefinden einer Frau sind bewundernde Männerblicke wichtiger als Kalorien und Medikamente.

FRANÇOISE SAGAN

Wort

Daß die Frauen das letzte Wort haben, beruht hauptsächlich darauf, daß den Männern nichts mehr einfällt.

HANNE WIEDER

Wunsch

Das Problem: Fast alle Männer wünschen sich eine Jungfrau mit den Erfahrungen einer Messalina.

JEANNE MOREAU

Die Armen wollen reich sein, die Reichen möchten glücklich sein, Singles möchten verheiratet sein, und die Verheirateten wollen tot sein.

ANN LANDERS

Wut

Ich habe meine Wut auf die Männer nicht begraben. Sie schlummert sirekt unter der Oberfläche.

CAMILLE PAGLIA

Z

Zähne

Die Männer sind wie Zähne: Es dauert lange, bis man sie bekommt. Und wenn man sie hat, tun sie einem weh. Und wenn sie nicht mehr da sind, hinterlassen sie eine Lücke.

Françoise Rosay

Zärtlichkeit

Wenn eine Frau die Zärtlichkeit rationiert, geht der Mann auf den schwarzen Markt.

Senta Berger

Zeit

Ich habe nicht die Zeit, mich jeden Tag zu schminken. Ich brauche die Zeit, um mein Gewehr zu reinigen.

Henriette Mantel

Zentrum

Bevor sie exzentrisch sein können, müssen Sie wissen, wo Ihr Zentrum ist.

Ellen Terry

Ziel

Es ist das Ziel jeder Frau, den Mann zu dem zu machen, was er vor der Hochzeit zu sein behauptet hatte.

MICHELINE PRESLE

Zigarre

Die Zigarre ist die letzte Bastion männlicher Hegemonie. Wenn die Frauen die Vorherrschaft der Männer endgültig brechen wollen, müssen sie Zigarren rauchen.

MURIEL MAID

Zufall

Es ist bestimmt kein Zufall, daß man als Vogelscheuchen immer nur Männer aufstellt.

DORIS BLAKE

Zugeständnis

Ich bin bereit, Zugeständnisse zu machen, wenn die Forderungen vernünftig sind. Wenn mir jemand sagt, ich soll mein Haar kämmen, kämme ich mein Haar. Wenn jemand verlangt, ich soll es blond färben, kann er zur Hölle gehen.

JANE WALLACE

Zuhören

Wenn ein Mann will, daß ihm seine Frau zuhört, braucht er nur mit einer anderen zu reden.

LIZA MINNELLI

Zukunft

Man merkt nie, was getan wurde. Man sieht immer nur, was noch getan werden muß.

MARIE CURIE

Zunge

Ich würde lieber mit den Händen kämpfen als mit der Zunge.

DOLLEY MADISON

Zurechtkommen

Mit Männern zurecht zu kommen, darum geht es nicht. Es geht vielmehr darum, wie man mit einem Mann zurechtkommt, einem einzigen.

PHYLLIS MCGINLEY

Zusammenleben

Heutzutage kann man kein halbes Jahr
mit einem Mann zusammenleben,
ohne daß man gleich als verlobt gilt.
BRIGITTE BARDOT

Zynismus

Zynismus ist eine unerfreuliche Art,
die Wahrheit zu sagen.
LILLIAN HELLMANN